中国历代大家族

千万岁富贵
汉魏名门往事

从家族命运到历史风云　详解历史真实样貌　丰富细节撼动心灵

▶汉朝的历史,《三字经》是这样概括的:"高祖兴,汉业建,至孝平,王莽篡。光武兴,为东汉,四百年,终于献。"生活在这一朝代的人们从公侯到最底层的奴隶,全都坦然地昭示自己对富贵的追求,如此的热望反映在"千万岁富贵宜子孙""富贵万岁"这些遗留文字之中,这种最为原始,却又豁达宏大的勃勃生气,完全不同于先秦的贵族精神,就是它激励着张骞远走绝域,霍去病封狼居胥,陈汤喊出"犯强汉者,虽远必诛"的豪言壮语,这种勃勃生气也正是整个汉朝的时代特征,厚土坚石般粗糙,但仍然深深感动着今人。

郑州大学出版社
郑州

图书在版编目(CIP)数据

千万岁富贵:汉魏名门往事/庞海丽编著. —郑州:郑州大学出版社,2016.1

(中国历代大家族)

ISBN 978-7-5645-1771-7

Ⅰ.①千… Ⅱ.①庞… Ⅲ.①家族-史料-中国-汉代②家族-史料-中国-魏晋南北朝时代 Ⅳ.①K820.9

中国版本图书馆 CIP 数据核字(2014)第 114736 号

郑州大学出版社出版发行	
郑州市大学路40号	邮政编码:450052
出版人:张功员	发行部电话:0371-66966070
全国新华书店经销	
辉县市伟业印务有限公司印制	
开本:787 mm×1 092 mm 1/16	
印张:12.25	
字数:174 千字	
版次:2016年1月第1版	印次:2016年1月第1次印刷

书号:ISBN 978-7-5645-1771-7　　　定价:29.80 元

本书如有印装质量问题,请向本社调换

内容提要

汉朝的历史,《三字经》是这样概括的:"高祖兴,汉业建,至孝平,王莽篡。光武兴,为东汉,四百年,终于献。"从各种途径我们可以感觉到,生活在这一朝代的人们从公侯到最底层的奴隶,全都坦然地宣示自己对富贵的追求,如此的热望反映在"千万岁富贵宜子孙""日入百千万""富贵万岁"这些遗留文字之中,这种最为原始却又豁达闳大的勃勃生气,完全不同于先秦的贵族精神,就是它激励着张骞远走绝域,霍去病封狼居胥,陈汤喊出"犯强汉者,虽远必诛"的豪言壮语,这种勃勃生气也正是整个汉朝的时代特征,厚土坚石般粗糙,但仍然深深感动着今人。

目录 Contents

第一章 汉祖陵前草色新——沛国周氏

周勃：令人震撼的真相 …… 3
 周勃厚重 …… 3
 诛吕安刘 …… 5
 由庶夺嫡 …… 8

周亚夫：缺乏韧性的高干子弟 …… 11
 许负之相 …… 11
 平定七国之乱 …… 13
 名将末路 …… 17

历史上的周姓名人 …… 20

第二章 千万岁富贵一朝尽——吕氏外戚

吕泽：尘封的开国元勋 …… 23
 悼武王 …… 23
 薄封 …… 25

吕雉：背负千古骂名的女人 …… 26
 杀功臣 …… 26
 号令一出太后 …… 30
 千古骂名 …… 32

历史上的吕姓名人 …… 34

第三章 帝国脊梁——太原霍氏

霍去病：傲岸的天才 …… 38
 羽林骑 …… 38
 河西战役 …… 41

封狼居胥 ································ 44
霍光：天狗犯日？ ····························· 46
　　武帝托孤 ································ 46
　　盐铁会议 ································ 50
　　废立汉帝 ································ 51
历史上的霍姓名人 ····························· 54

第四章　心高命奇——陇西李氏

李广：命奇究竟奇在何处 ························· 57
　　飞将军之轻佻 ····························· 57
　　匹夫之勇 ································ 58
　　心高气傲 ································ 60
　　李广死后 ································ 62
李陵：英雄国贼身兼之 ·························· 63
　　受命出师 ································ 63
　　宿命降临 ································ 65
　　异域之人 ································ 68
历史上的李姓名人 ····························· 72

第五章　青山不老照兴衰——扶风窦氏

窦太后：天意自古高难测 ························ 75
　　良缘如水 ································ 75
　　窦氏青山 ································ 75
　　无为之治 ································ 77
窦宪：用之则为虎，不用则为鼠 ····················· 79
　　复仇的孤儿 ······························· 79
　　出征北匈奴 ······························· 80
　　盛极而衰 ································ 84
历史上的窦姓名人 ····························· 84

第六章　征途不息——凉州马氏

马援：革囊裹尸英雄还 ·························· 89
　　不为守钱奴 ······························· 89
　　马革裹尸 ································ 92

身后寂寞 ·········· 96
 马超：神威之烈 ·········· 97
  骠骑奋身 ·········· 97
  家破军亡 ·········· 102
  寄寓他人 ·········· 104
历史上的马姓名人 ·········· 107

第七章 才如江海命如丝——河西班氏

 班超：孤独的征服者 ·········· 111
  投笔从戎 ·········· 111
  西域的征服者 ·········· 111
  漫漫黄沙路 ·········· 115
 班昭：反对女权的才女 ·········· 118
  班家有好女 ·········· 118
  冒死上书 ·········· 119
  女主帝师 ·········· 120
 班固：文章穷而后工 ·········· 121
  继承家学 ·········· 121
  朝廷罪人 ·········· 123
历史上的班姓名人 ·········· 124

第八章 荣誉甲门谁知晓——高阳耿氏

 耿弇：再世韩信 ·········· 127
  少年英雄 ·········· 127
  文武无双 ·········· 128
  屠城三百 ·········· 131
 耿秉：匈奴灭亡的见证人 ·········· 134
  西域悍将 ·········· 134
  驱除匈奴 ·········· 136
历史上的耿姓名人 ·········· 137

第九章 羊质虎皮——汝南袁氏

 袁绍：泡沫般的英雄 ·········· 141
  四世三公 ·········· 141

乱世英雄 ……………………………………………… 143
　　官渡决战 ……………………………………………… 145
袁术：乱世中的花花公子 …………………………………… 147
　　膏粱子弟 ……………………………………………… 147
　　孙坚的到来 …………………………………………… 148
　　仲家帝国 ……………………………………………… 152
历史上的袁姓名人 …………………………………………… 154

第十章　虎豹铁骑荡群雄——沛国夏侯氏

夏侯婴：宅心仁厚一生安 …………………………………… 157
　　临危不弃 ……………………………………………… 157
　　白登沉着 ……………………………………………… 158
夏侯渊：所向无前 …………………………………………… 159
　　铁骑都尉 ……………………………………………… 159
　　平定西凉 ……………………………………………… 160
　　定军山 ………………………………………………… 163
夏侯惇：独目苍狼 …………………………………………… 164
　　拔矢啖睛 ……………………………………………… 164
　　有勇无谋 ……………………………………………… 166
历史上的夏侯姓名人 ………………………………………… 168

第十一章　天道好还——河内司马氏

司马懿：奸臣之烙印 ………………………………………… 171
　　司马非人臣 …………………………………………… 171
　　祁山撼诸葛 …………………………………………… 173
　　十日克孟达 …………………………………………… 174
　　一年平辽东 …………………………………………… 175
　　高平陵事变 …………………………………………… 177
司马昭：龙战于野 …………………………………………… 180
　　势凌三国 ……………………………………………… 180
　　成济之事 ……………………………………………… 182
　　天道好还 ……………………………………………… 183
历史上的司马姓名人 ………………………………………… 184

第一章　汉祖陵前草色新——沛国周氏

秦朝末年的战乱中涌现出了不少名将，不管他们所属阵营如何，都在历史上留下深刻的印迹。这些名将中，对汉朝影响最为深远的是周勃和周亚夫父子。他们在历史上先后两次挽救汉朝，周勃诛吕安刘，周亚夫平定七国之乱，使汉朝顺利通过两次重大的瓶颈危机，得以绵延四百二十六年，成为世界历史上强盛的封建大帝国之一。周氏父子的命运也极为相似，结局都很惨，尤其是周亚夫，比起韩信的悲惨有过之而无不及，活活饿死于监牢之中。这不免让后人们嘘唏感慨，纷纷谴责汉朝皇帝的刻薄寡恩。但我们仔细梳理事实时，却发现事情并非如此简单，史书上的几行字存在着被刻意掩盖的真相。

代表人物： 周勃　周亚夫
对政局影响： 周勃诛灭吕氏外戚，维护刘氏正统；周亚夫平定七国之乱，促进国家统一。
溯本追源： 周勃本是沛县布衣，编篚鼓吹之徒。
家族兴衰： 周勃诛灭吕氏，威重天下，终被皇帝所忌，险些屈死，而其子周亚夫终归死于冤狱，后嗣爵位被夺，周氏逐渐泯没于茫茫百姓之中。

第一章 汉祖陵前草色新
——沛国周氏

◎ 周勃：令人震撼的真相

周勃厚重

周勃的祖先原是河南卷县人，后来迁到了沛县，成为汉高祖刘邦的老乡。在沛县的时候他靠编织养蚕的器具为生，有时候为了获得一些额外的收入来改善生活，还经常给办丧事的人家做吹鼓手，他参加过军队，做拉强弓的武士，所以有一定的军事经验。

诛灭诸吕是周勃

周勃，汉初大臣。沛县（今属江苏）人。随刘邦起义，在反秦战争及楚汉相争中以军功为将军，封绛侯，官任太尉。从刘邦平定臧荼、韩王信、陈豨等叛乱。惠帝时为太尉。刘邦死前预言："安刘氏天下者必勃也"。刘邦死后，吕后专权。吕后死，周勃与陈平合谋夺取军权，诛灭诸吕，"分部悉捕诸吕男女，无少长皆斩之"。迎立文帝刘恒即位，任右丞相。

刘邦起兵反秦时，周勃以侍从官的身份跟随着南征北战，从灭秦到楚汉相争，周勃始终跟随刘邦没有离开。最后论功行赏，高祖赐绛县八千一百八十户作为周勃食邑，封他为绛侯，当时的萧何、曹参、张良都被赐食邑万户以上，皆号称"万户侯"，可见在那时，周勃在刘邦眼里只是一位忠诚的勇士，还不算能指挥千军万马、独当一面的大将。

汉朝建立后，发生了几场比较大的平叛活动，周勃都参与了，并且功劳不小。因为当时韩信、曹参等老将要么已经被杀，要么韬光养晦，不愿再增加自己的功劳，所以周勃得以凸显自己的重要性。

周勃先随高祖刘邦征讨反叛汉朝的韩王信（并非著名的韩信，而是另一个异姓诸侯王），然后是攻打叛将陈豨，这两场战斗都把敌人的军队打垮，斩杀了祸首。之后在镇压燕王卢绾造反的战斗中，刘邦任命周勃为相国，替代早年的亲随樊哙统帅平叛大军，之所以中途换将，是因刘邦当时正处病危之中，这时有流言说樊哙声称刘邦死后将杀掉他宠爱的戚夫人（樊哙是吕后的妹夫，当时吕后的地位受戚夫人威胁），刘邦于是便命周勃夺取樊哙兵权，命令陈平在军中杀掉樊哙。此次任命可见当时刘邦对周勃的信任。

樊 哙

樊哙，武康上柏人。少时失父，七岁时，随母李氏徙于江苏沛县。年轻时以屠狗为业，颇有臂力，与当地任泗水亭长的刘邦结交甚厚。秦二世元年（公元前209年）陈胜、吴广起义，樊哙随刘邦起兵响应，为刘部将，屡建战功，被封为贤成君。公元前206年，樊哙随刘邦率军攻占咸阳。同年，项羽夺取函谷关，进军新丰、鸿门，刘邦带谋士张良、卫士樊哙等到鸿门与项羽相会。项羽听信亚父范增之计，在鸿门设宴"招待"刘邦。在席间，范增派勇士项庄拔剑相舞，意欲伺机刺杀刘邦。樊哙得讯，佩剑拥盾闯入军门，并斥责项羽，从而消解了刘邦的杀身之祸。

刘邦灭项羽建汉后，樊哙随刘邦击败燕王臧荼和赵相国陈豨反叛。汉高祖十二年（公元前195年），樊哙带兵平定了燕王卢绾的叛乱。因樊哙功勋卓著，曾被授于左丞相之职，封舞阳侯。汉惠帝六年（公元前189年），樊哙病死，子伉袭父职。

周勃本人并不愚忠，他是有头脑的，路上他与陈平商量："樊哙，是陛下的老部下，功劳多，且又是吕后妹妹吕䨵的丈夫，有这样深厚的背景，陛下因为一时恼火，下令杀他，以后说不定就会后悔，反而怪罪于我们，不如把他关起来带回去，让陛下自行处理。"便不杀樊哙，囚回长安。这次战役周勃要归樊哙节制，不过是继续后者已经取得的胜势，但这一老谋深算的举动，就避免了得罪刘邦死后势焰张天的吕氏，吕氏不仅不因他是刘邦老臣而迫害他，反而对他心存感激，百般重用。周勃的政治才能可以从一定程度上弥补他军事才能不强的缺陷。

汉高祖后——吕雉

高祖的皇后吕雉，单父（山东单县）人。早年其父为避仇迁居沛县，在一次宴会上因欣赏刘邦非凡的气度，便把女儿许配给他。公元前205

年，刘邦为项羽所败，吕雉和刘邦的父母被俘，做了两年的人质，公元前203年秋，吕雉归汉后，留守关中。刘邦称帝后，吕雉被立为皇后，子刘盈立为太子。

吕后为人有谋略，汉初，吕后助刘邦杀韩信、彭越等异姓王，消灭分裂势力巩固统一的局面。公元前195年，刘邦死，惠帝立，尊吕后为皇太后，惠帝仁弱，实际由吕后掌政。公元前188年，惠帝崩，立少帝，临朝称制八年，少帝因其生母为吕后所杀，有怨言。吕后逐杀少帝，立常山王刘义为帝。"号令一出太后"，吕后先后掌权达十六年，是中国历史上三大女性统治者（吕后、武则天、慈禧太后）中的第一人。

史料记载周勃为人朴实忠厚、刚直无私，他每次找儒生来谈事，总是朝他们大声嚷嚷："有什么话就直说！"。刘邦认为他厚重，因此对他很信任，将国事委托于他。刘邦临死前，在向吕雉交代后事的时候就着重提到周勃，说周勃"朴实忠厚，安刘氏只能靠他，可以让他做太尉（太尉是汉朝中央最高武官）"。当时刘邦告诉吕雉：萧何死了，让曹参接任；曹参死了，让王陵接任，陈平辅佐，周勃做太尉。交代到这儿刘邦就不说了；吕雉再问，刘邦就说："接下来就不是你能够看到的了。"事实正如此，到那个时候，吕雉已经死了，周勃随后将吕氏灭族。实际上，周勃不仅有朴实忠厚的一面，还有隐藏在忠厚表面之下的老谋深算，这有关后代汉朝皇帝不愿提及的一个重大历史秘密。

诛吕安刘

周勃个人的记载主要来源于《史记》和《汉书》，他们的作者司马迁、班固只是普通史官，无法接触到高层的重大秘密，虽然他能进入汉朝国家图书馆查阅秘密档案，但这些档案有可能都是篡改过的，况且真正重大的秘密都不会留在纸面上给人做把柄的，即使他们知道这些秘密也不能直书，否则《史记》和《汉书》就留传不下来了。涉及周勃的重大秘密是什么，就是史载的"厚重安刘"，有诸多可疑之处，实际情况还证明周勃所谓的"安刘"，其中的血腥味是异常浓重的。

首先是上述刘邦的遗嘱非常可疑，即"萧何死了，让曹参接任；曹参死了，让王陵接任，陈平辅佐，周勃做太尉，周勃朴实忠厚，安刘氏只能靠他。"问题在于，遗嘱中提到的王陵年长于刘邦，相对而言，曹参则非常年轻，刘邦如何可以断言王陵比曹参后死，实际情况确实是曹参死在王陵前头，但谁能证明这不是后人虚构的"马后炮"？其次，假若吕后旨在篡权，周勃虽有恩于吕后之妹，但如此生死之争，吕后岂能让周勃逃生？所以，这个遗嘱大有可能是后人的伪造，刘邦算得未免也太准了。

王陵

王陵，汉初大臣，沛县（今属江苏）人。秦末农民战争中，聚众数千人据南阳（今河南南阳），后归刘邦，从定天下，封安国侯，任右丞相。因反对吕后封请诸吕为王，罢相，改任太傅，病死。一说以宾客从刘邦起兵，并随刘邦入武关，又随入汉中。楚汉战争中，守丰，后封雍侯。汉朝建立，改封安国侯。

后人何必要伪造这样一个遗嘱呢？汉朝历史的一场重大政变为这样一个遗嘱提供了必要性。这场政变史称"安刘"，即周勃起兵诛灭吕氏，迎汉文帝即位。根据史实，事情的经过应该撇开传统说法，利用我们今天的认识去阐述。刘邦死后，吕后违反刘邦的白马誓言，把自己的娘家亲戚诸吕都封为王。起初刘邦斩白马让群臣发誓，非刘氏封王者一起攻打他，其实这个誓言本身就有失偏颇，活像一个土老财妄图守住自己的万年家业，本身就不切实际，纯属一时权势逼迫别人起誓，怪不得后人根据实际情况违背之，虽然誓言本身就有不对的地方，但问题在于吕后只信任自己家里人，导致功臣集团的利益分配不均，反对吕氏独占的功臣们就以白马誓言为口实起兵诛灭吕氏，他们其实不是为了刘氏，而是为了自己，这些人的领袖就是周勃。

文景之治的开创者——汉文帝

汉文帝（前202年—前157年），名刘恒，是汉朝的第四个皇帝，高祖刘邦第三子，汉惠帝刘盈弟，母薄姬，初被立为代王，建都晋阳。惠帝死后，吕后立非正统的少帝。吕后死，吕产、吕禄企图发动政变夺取帝位。刘恒在周勃、陈平支持下诛灭了诸吕势力，登上皇帝宝座，是为

第一章 汉祖陵前草色新
——沛国周氏

文帝,在位二十三年。汉文帝在位期间,是汉朝从国家初定走向繁荣昌盛的过渡时期。他继续执行与民休息和轻徭薄赋的政策。他知人善任,虚心纳谏,提拔重用了贾谊、晁错、张释之、周亚夫等人才,开创了文景盛世的繁荣局面。他节俭敦朴,严于律己,在位期间,宫室、苑囿、车骑、服御很少增添。他反对厚葬,其坟修在长安附近灞水的旁边,称做灞陵。修筑时顺着山陵形势挖掘洞穴,不再加高,陪葬品全用陶器,不准用金银等贵重金属。他还主张死后把夫人以下的宫女遣送回家,让她们改嫁。汉文帝后元七年(公元前157年),病死于长安未央宫,庙号为太宗,谥文帝。

但实际操作中,首功并不是周勃的,他只是摘桃子的。吕后一死,朱虚侯刘章派人偷偷告诉他的兄长齐王刘襄:"我们登基的机会来了!"让齐王发兵进攻中央,刘章负责联络太尉周勃、丞相陈平为内应,诛灭吕氏,然后立齐王为帝。

齐王立马率领大军西进,相国吕产派大将军灌婴前去抵抗,灌婴到达后,察觉到跟随吕氏是没有前途的,就立刻和齐王议和,静观其变。

在这样的局势下,周勃首先做的是抢夺军权,因为此时周勃虽是太尉,但是军队由吕氏的吕禄控制,他不能入军中。由于当时一个名叫郦寄的人是吕禄的多年好友,周勃与陈平知道了这一情况,就劫持了郦寄的老爸,迫使郦寄欺骗吕禄说:"齐王只是因为受吕后的气太多了,你也让一步,把兵权交给别人来显示你没野心,身正不怕影子斜嘛。"单纯的吕禄信任老友(他不知道朋友有时也会迫不得已),毫不怀疑地把兵符交给周勃。周勃得以闯入军营,巧妙地把政变说成"安刘灭吕",得到军队支持控制军权,但是他依然不肯先出头,坐在那里慢慢等待。

西汉的中央军

历来不少学者认为,汉初中央军主要指南北军,因驻地分别位于长安城内南北而得名。南军的主要任务是负责保卫宫廷,成员有卫士、郎官之别。卫士是郡国轮流服役的正卒,由卫尉统领;郎官由高官子弟和品学出众之士组成,属郎中令统领。北军主要任务是警备长安及京畿地区，士兵多征调三辅正卒，一年一更换，初由中尉统率。非常时期，南北军由皇帝指定重臣统领。

愣头青刘章出手了，他才二十多岁，被哥哥齐王称帝的美好前景冲昏了头脑（他未免不想兄终弟及），实在等不及了，向周勃要了一千多人，不顾一切地冲进宫里，斩杀丞相吕产和警卫司令吕更始。周勃见关键问题已经解决，出了问题也有人顶罪，才出来收拾战果，遂派人分部搜捕宫中吕氏男女，无论少长，全部杀光。再派人去杀掉在外的燕王吕通，废掉鲁王吕偃。最后，他杀樊哙的老婆吕媭的方式（吕后的妹妹，周勃曾经救过她的丈夫樊哙，后来吕媭必定时常维护周勃），是用竹条一下一下地抽打，直到抽得皮开肉绽，活活疼死。

刘章首义后，周勃以"快去把喜讯告诉你哥哥齐王"为由，把刘章调离京师打发走了，这样在朝中没有外援的齐王只能罢兵而还，很快就郁闷而死。周勃未必没有思考了一下自己称帝的可能，但很快就被客观形势否决了，因为内有其他功臣不服，外有刘氏诸王，尤其是强大的吴楚两国，所以他思考的就是如何使自己的利益最大化，于是他和其他功臣就决定杀掉吕后的孙子汉少帝，迎立一个势力弱小的王族，好有利于功臣们集体专权。这样，代王被迎接过来了，他就是汉文帝。

由庶夺嫡

汉文帝由庶夺嫡，铲除孝惠帝一脉。回放整个政变过程：齐王刘襄欲夺取皇位，周勃、陈平为首领的功臣集团趁机夺权，最后的皇位落到傀儡刘氏庶族代王刘恒手里。汉文帝虽然是功臣集团们傀儡，但他对皇位这一天上掉下来的馅饼仍感到是交大运，所以谨小慎微、不敢造次，历史上的"文景之治"就出现了。对于周勃他们，他当然也是非常感谢，不仅为周勃伪造"安刘"的遗嘱，更重要的是把自己"夺嫡"的行为合法化，因为以后汉朝皇帝都出自于汉文帝一系，这个秘密就保存到了今天。我们仿佛听到周勃的笑声响彻千年，他不但享受历代的美名和赞誉，他生前也仿佛是政治上最大的赢家。

第一章 汉祖陵前草色新
——沛国周氏

文景之治

文景之治是西汉统一后,经过一段时期的治理经营而出现的,是有名的治世之一。

文景,就是汉文帝和汉景帝,文帝名刘恒(公元前202年—公元前157年),汉高祖刘邦的儿子,在位二十三年(公元前179—公元前157年)。景帝名刘启(公元前188年—前141年),是文帝的儿子,在位十六年(公元前156—前141年)。汉朝在文帝、景帝统治时期,继续执行与民休息和轻徭薄赋的政策,使国家政治清明、经济发展,为西汉王朝的兴盛奠定了基础,历史上把这段时期称为"文景之治"。

为什么要说仿佛呢?因为周勃他们是以自己和家族的未来为代价的。汉文帝即位之初,虽感觉甚好,但也怕周勃为首的功臣集团一不高兴也把自己给解决了,周勃迎立他时,汉文帝还要占卜,得到大吉利后,才派舅舅先去见见周勃,而后还派间谍到长安观察形势。后来当上皇帝,他在功臣集团控制下也是战战兢兢,夜不能寐。一个人若让自己的上司(虽然暂时是名义上的)这样害怕,这个人是肯定没有好结果的,所谓功高震主,即使你周勃无意篡位,但你的存在就是汉文帝的恐惧点,甚至,篡位不篡位只是周勃看形势有利与否的问题。功臣集团内部势力互相牵制,刘氏诸王在外部拱卫汉文帝,加上周勃"小富即安"的心理,汉文帝逐渐由傀儡转正为实权皇帝,周勃的末日来临了。

汉文帝必须解决功臣集团的威胁,但却不能以当年的政变为理由,这会扯出文帝的夺嫡行为,所以只能另找借口。汉文帝首先任命周勃为右丞相,赏赐金五千斤,食邑万户。周勃志得意满,他为右丞相后,地位反而在左丞相陈平之上。但是汉文帝另有目的,他知道周勃一介武夫,不熟悉丞相职守,又不善于机巧应变。一天在朝廷上故意问国家的政法和财政报表问题,周勃当然是一问三不知。文帝的表情很不满意,又转问左丞相陈平。陈平也不知道,但文帝知道他以足智多谋著称于世,临场反应远在周勃之上,陈平回答说:"我是丞相,只要管好大事就行了。钱粮数目的问题不过是小事,自然有下面的官吏管理。"文帝对陈平的巧妙回答特意大加赞赏,声称他才有丞相之风,周勃则汗流浃背,感觉这右丞相可不可以再厚着脸皮当下去了,于是就辞去了官职,殊不知被汉文帝和陈平合伙一道给耍了（可见汉文帝的厉害，他利用了功臣集团的内部矛盾），汉文帝要的就是你主动辞职，离开高层处理你就不会引起大的动荡。周勃善于政变，不善于政治，政变毕竟类似于军事行动。

陈平"六出奇计"

陈平的"六出奇计"为刘邦夺取天下起了重要作用。历史典籍中给他总结的六种计策是：

第一，离间项羽、范增，楚势由此颓衰；

第二，乔装诱敌，使刘邦从荥阳安全撤退；

第三，封韩信为王，使韩信忠心效命刘邦；

第四，联齐灭楚，刘邦于是战胜项羽；

第五，计擒韩信，使刘邦翦灭异姓王而固其刘家天下；

第六，白登解围，刘邦终于脱离匈奴包围的险境。

不久，丞相陈平去世，文帝复召周勃任丞相。这回周勃变得小心谨慎了，然而一天文帝突然对周勃说："我下令所有列侯离开长安到自己的封地去，有些人还不愿走，你一直被我器重，希望你可以带头回去。"这话说得客气动听，其实是让周勃赶紧自己辞职，周勃于是辞相归国。卸任之后，周勃经常想起刘邦屠戮功臣的往事，总觉得文帝有杀他的意思，加上考虑到自己的仇家太多，于是身上常常披甲，并让家人都要手持兵器。结果又被人告了一状，说他意图谋反。于是廷尉把周勃抓了起来，周勃弄不清楚状况，不敢说话，而监狱里的狱卒也没有因为周勃身为侯爵而予以优待，相反，像对待一般犯人样对他百般凌辱。周勃后来弄明白了，以千金向狱吏行贿。狱吏得了钱，立即改变了态度，还结合自己阅历，给周勃指点了一条生路，让周勃向儿媳妇求救。周勃儿子周胜之的老婆是文帝的女儿，周勃一下明白过来，马上托人告诉儿子让儿媳妇公主入宫求情，又将封邑送给薄太后的弟弟薄昭，如此亲情加重贿的攻势，薄太后当然要为周勃说话："周勃诛诸吕时，身佩皇帝玉玺，统率京城禁军，那时他不反，现在身处一小县，难道要反吗？"薄太后女人家不知道儿子的深谋远虑，文帝原本就是想利用这次机会解决周勃，但又念起没有周勃他是不能即位的，加上老母亲说情，就决定放过周勃这一次，让他出狱了。周勃出狱后叹息到："我曾统帅百万大军，哪里知道一个小小的狱吏竟然也如此厉害!"周勃之后谨小慎微,于文帝十一年善终于家。

汉文帝

汉文帝刘恒,汉高祖第三子,为薄太后所生。高后八年(公元前180年)即帝位。他以仁孝之名闻于天下,侍奉母亲从不懈怠。母亲卧病三年,他常常目不交睫,衣不解带;母亲所服的汤药,他亲口尝过后才放心让母亲服用。他在位二十三年,重德治,兴礼仪,注意发展农业,使西汉社会稳定,人丁兴旺,经济得到恢复和发展,他与汉景帝的统治时期被誉为"文景之治"。

由于吕氏集团利益分配不善激化了矛盾,导致了功臣集团发动政变彻底翦灭吕氏集团,但他们很快也明白此举已种下灭门之祸,极有可能遭到吕后孙子汉少帝的追究。一不做二不休,功臣集团将身为刘氏嫡系一脉彻底铲除,将帝系转到刘氏庶支。此事因果环环相扣,功臣集团如箭在弦,不得不发。可惜任何一个帝王都不会不在意人臣行生杀立废之事,故周勃作为行生杀立废这种非常之事的主要责任人,受到汉文帝的打击,实在是顺理成章之事。周勃得以善终,乃是万幸。这个人如此复杂,简单地谴责他是肤浅的,历史和机遇把他推到了这一步,不进则退。所以说,这是他的必然选择,同时也是历史发展的一种无奈。

◎ 周亚夫:缺乏韧性的高干子弟

许负之相

周亚夫为周勃的次子,是汉朝的高干子弟,所以他儿时受到了很好的军事教育,父亲的粗率性格对他也有影响,于是形成一种大少性格:很冷很酷也很倔,但缺乏在逆境中能伸能屈的韧性。这种性格为他以后的人生悲剧种下了病根。周亚夫最初做河内郡守,当时有个叫许负的老太太，以善于看面相著名，汉高祖刘邦曾经封她为鸣雌亭侯，成为汉朝第一个有封邑的女人。年轻人对未来充满憧憬，于是请老太太到自己的官府中，为自己看相。可后来许负的话让他觉得非常可笑，许负对他说："您的命相比较尊贵，三年之后可以封侯，再过八年，就可以做丞相了，地位显贵了。但您再过九年，就会因饥饿而死的。"周亚夫大笑说："我哥哥已代父为侯。如果他去世，他儿子就承袭爵位，怎么轮到我周亚夫呢？再说我若显贵到你所说的那种地步，怎么会饿死呢？你倒来解释解释！"许负说这只是根据面相得出的结论，指着他的嘴说："您的嘴边缘有条竖直的纹到了嘴角，这是种饿死的面相。"周亚夫当然不会将许负的话当回事，但就后来他的发展来看许负未免不是借相术提醒他，改掉那种高傲自负的大少性格。

中国第一女神相——许负

始皇二十六年（公元前221年），天下一并于秦。始皇帝令天下大庆。同时诏令广征神异祥瑞之事。河内郡温城县令许望生一女，手握玉块，玉上有文王八卦图隐约可见。此女出生仅百日，即能言。始皇闻讯，以为吉瑞之兆，令赐许望黄金百镒（一镒为二十两或二十四两），以善养其女。许望为表示对始皇帝的感激之情，他特为女儿取名为"莫负"，意为莫负圣上的隆恩。许望为女儿取名"莫负"以不忘皇恩，可小小莫负并不买账，当她推知秦朝即将灭亡时，毅然改名为"负"。许负后来见到刘邦，称他为天下真主。刘邦登基后，没有忘记许负和她的父兄，立即封许望为温城侯，封许负为鸣雌亭侯，她的三位兄长均封为将军。

事情也有凑巧的时候，周亚夫的哥哥周胜之继承了爵位后，与公主老婆感情不和。不久就出问题了，周胜之因杀人获罪而死，爵位被夺。一年后，文帝又回想起了周勃的功劳来，毕竟没有周勃的政变，凭借他的庶支地位是当不上皇帝的，所以不愿意就此剥夺了周家的爵位，于是下令推选周勃儿子中最好的来继承爵位。众大臣异口同声地推举周亚夫，于是就封周亚夫为条侯。所以周亚夫就这样意外地继承了父亲的爵位。

公元前158年，匈奴进犯北部边境，边境的烽火台都放起烽火来报警，远远近近的火光，连长安也望得见。文帝急忙调边将镇守防御。为了警卫京师，文帝派三路军队到长安附近抵御守卫。宗正刘礼驻守在灞上，祝兹侯徐厉驻守在棘门，河内太守周亚夫则守卫细柳。文帝为鼓舞士气，亲自到三路军队里去犒劳慰问。他先到灞上，再到棘门，这两处都没有先通报，见到皇帝的车马来了，军营都主动放行。文帝的车驾直驱军营，没有受到任何阻拦。而且两地的主将直到文帝到了才知道消息，迎接时慌慌张张。送文帝走时也是亲率全军送到营寨门口。

文帝到了周亚夫的营寨，和先去的两处截然不同。前边开道的被拦在营寨之外，先遣的官员呵斥一声，说："天子就要到了！"军门的守卫都尉平静地说："将军令，军中只有军令，不听天子诏令。"等文帝到了，守营的将士照样挡住。文帝再派使者拿自己的符节进去诏告周亚夫说："我要入军营慰劳军队。"周亚夫才命令打开寨门迎接。文帝的人马一进营门，守营官就下命令似的告诉文帝的御驾："将军令：军营之中不许车马急驰。"车夫只好控制缰绳，不让马走得太快。到了军中大帐前，周亚夫一身戎装，出来迎接，手持兵器向文帝行拱手礼："披甲武士不下拜，请陛下允许臣下以军中之礼拜见。"文帝听了，肃然起敬，也起身扶着车前的横木向将士们行军礼。劳军完毕，出了营门，文帝感慨地对惊讶的群臣说："这才是真将军啊！那些灞上和棘门的军队，简直是儿戏一般。如果敌人来偷袭，恐怕他们的将军也要被俘虏了。可周亚夫怎么可能有机会被敌人偷袭呢？"好长时间里，文帝对周亚夫都赞叹不已。文帝认为周亚夫是个难得的将才，一个月后，匈奴兵退去。文帝命三路军队撤兵，然后升周亚夫为中尉，掌管京城的兵权，负责京师的警卫。"将在外君命有所不受"的细柳慰军事件，遂成为历史上的经典场面。后来，文帝病重弥留之际，嘱咐太子刘启也就是后来的景帝说："以后关键时刻可以起用周亚夫，他是可以使人放心的将军。"文帝去世后，景帝让周亚夫做了骠骑将军。

平定七国之乱

公元前154年，即汉景帝三年，吴王刘濞联合楚王刘戊、胶西王刘卬等七国发动叛乱，打出"诛晁错、清君侧"的旗号。这场叛乱既有宿怨，也有近因。

宿怨是这样的，多年以前吴王刘濞曾派儿子刘贤朝见文帝。刘濞是高祖刘邦的侄子，吴国又很强大，所以汉文帝很是重视刘贤，特意命太子刘启（即后来的汉景帝）好好招待刘贤。可惜意外发生了，一天两人下棋玩时，刘启下错了关键的一子，刘贤乘机占先。刘启想要悔棋，刘贤不肯答应，于是兄弟两人为此争吵得面红耳赤。刘启作为太子，在宫里哪里受过如此冒犯，登时上火了，顺手抄起棋盘，向刘贤砸去。刘贤躲避不及，正好被棋盘棱角砸中头部太阳穴，当即毙命。文帝得知后目瞪口呆，他又不能拿太子抵命，只好训斥了刘启一顿。派人送刘贤的棺材回吴国。吴王刘濞呼天抢地，他好意派心爱的儿子去面圣，回来的却是他的尸体，愤恨之余拒受儿子的尸体，说："如今天下都是一家，我儿子既然死在了长安，就葬在那里，何必千里迢迢送来？"当下派人将儿子的棺木重新送回长安。刘濞这是话里有话，已经暗示总有一天他要去长安厚殓儿子的，但当时文帝以为是他的愤懑之语大为尴尬，加上自己理屈，只好无奈地将刘贤葬在长安。从此吴王刘濞再也不到京师朝见文帝，二十多年来，他一直都有为儿子复仇的信念，在吴国积蓄力量，准备有一天能挥师入京，手刃仇人方才罢休。

汉景帝刘启

汉景帝刘启（公元前188—公元前141），字开，是汉文帝的长子。在位时采用窦皇后的黄老治术，实行无为而治，节俭爱民。后因采用晁错的主张，削夺诸侯王封地，引起七国之乱，幸赖太尉周亚夫平定，自此中央权力巩固，诸王毫无实力。在位十六年崩。

汉初至汉武帝即位的七十年间，文、景二帝仁慈恭俭，笃信黄老，以清静不扰民为政策，海内富庶，国力强盛，世称为"文景之治。"为武帝的文治武功打下了坚实的基础。

近因就是晁错削藩。因为诸王所封之地占去全国疆土大半，势力强盛，与中央分庭抗礼。汉景帝即位后起用晁错，采取削藩的措施，具体就是将他们的封地部分收归国有，因此直接触发了以吴王刘濞为首的七国之乱。刘濞利用诸侯王不满削藩之策，乘机游说胶西、胶东、甾川、齐、济南、赵诸王，图谋武力反叛朝廷。公元前154年，景帝下诏削夺吴会稽郡、豫章郡。削地诏书刚到，刘濞就以"诛杀晁错，清君侧"为名，

第一章　汉祖陵前草色新
——沛国周氏

征发二十多万人，并联络闽越、东瓯助战，起兵广陵。同时，其他六国也起兵反叛，形成七国联合反叛朝廷之势。

晁错（公元前200—公元前154），西汉政治家、散文家，颍川（今河南禹县）人。汉文帝时任太常掌故，奉命从伏生受今文《尚书》。后任博士、太子家令，深受太子（即景帝）的宠信，被称为"智囊"。他主张重农，又力主削弱诸王势力。景帝即位以后，晁错迁为内史，后升任御史大夫，位列三公。他因向景帝进《削藩策》而被藩王怨恨，是故七国藉口"诛晁错，清君侧"，发动叛乱。在内外压力下，景帝将晁错斩于长安东市。其主要论文有：《言兵事疏》《守边劝农疏》《募民实塞疏》《论贵粟疏》等。

汉景帝得到七国叛乱的消息后，最初他决定对七国之乱采用妥协的政策：杀晁错，允许恢复诸王封地。他以为晁错死了，削夺的封地也还给他们了，七国出兵的理由就没有了，然而，吴王刘濞并不肯就此罢兵，显然是下了一定要进长安夺取皇位的决心。景帝没有了退路了，决心武力平叛，他记起了父亲文帝的话，于是升周亚夫为太尉，领兵平叛。

汉初诸侯国

秦末群雄并起，凡是在楚汉战争中站在刘邦一方对项羽作战的各路诸侯，刘邦均承认其实际上的割据地位。在秦末汉初连年征战中崛起的韩信等军事指挥官，正是抱着裂地分封、子孙永享富贵的观念，来要求和对待已经得到的土地和权利。如韩信就一再强调："以天下城邑封功臣，何所不服。"这是先秦分封观念在汉初延续的表现。

取得楚汉战争的胜利后，刘邦称帝，建立汉王朝，为巩固统治，他借口清除叛乱，杀掉分封的异姓王韩信等人。同时，他又认为秦朝迅速灭亡的重要原因是没有分封同姓子弟为王，使皇室陷于孤立，于是大封同姓子弟为王，并立下"非刘氏王者，天下共击之"的誓言，企图用家族血缘关系来维持刘氏的一统天下。至此，全国共有五十九郡，十个诸侯国共占有其中的四十二郡，在总量上超过中央直辖的郡，诸侯国拥有超过全国一半的土地；全国人口约一千三百余万，诸侯王国即占了八百五十多万，他们严重威胁着国家的统一局面，中央与诸侯国的矛盾也日益难以调和。

此时，吴王刘濞率军西渡淮河与楚军合兵，击溃梁军数万人。旋即乘胜围攻梁都睢阳（今河南商丘县城南），意图打通西进通道，抢占荥阳（今河南荥阳东北古荥镇），与胶西等四国之兵及赵军会师洛阳。但因为梁王刘武（景帝亲弟弟）拼死据守，吴、楚军被阻于睢阳。从这个时候开始，七国内部开始了钩心斗角，各国之间因为利益而矛盾重重，各怀鬼胎，步调不一，缺乏统一的计划和指挥。各诸侯国或临时背约，或轻易改变，或屯兵观望。叛军正在猛攻梁国时，周亚夫并不想直接救援，他向景帝提出了自己的战略计划："楚军素来剽悍，战斗力很强，如果正面决战，难以取胜。我打算先暂时让梁国拖住吴兵，从背后断其粮道，然后伺机再击溃叛军。"景帝同意了周亚夫的计划。在后面的战斗中，周亚夫也是按这个"先予后取、避实击虚"的战略来进行的。但战争的胜利，反而埋下了他政治生涯中的祸端。

此时的梁国被叛军轮番急攻，梁王向周亚夫求援。周亚夫调集军队在荥阳会合。这时吴国军队正猛烈攻打梁国，梁国告急，梁王刘武向周亚夫请求援助。周亚夫深知吴、楚军势虽盛，但不能持久，而且梁国有一定实力，应该能支撑一阵子。故领兵向东北急行，至昌邑，在那里挖筑深沟高垒，进行防御。梁王每日都派使者请求援助，周亚夫却坚守营垒不去救助。梁王刘武十分愤怒，直接向兄长景帝上书。于是景帝急派使臣赶赴前线，命令周亚夫救援梁国。周亚夫还是不为所动，坚壁不出，而派人率轻骑兵迂回吴、楚军侧后，截断了叛军的粮道，还劫去叛军的粮食。

徐州是西汉楚国都城。徐州北扼齐鲁，南控吴越，自古为兵家必争之地。所辖沛县，是汉高祖刘邦的故乡。早在楚汉相争期间，刘邦就封韩信为楚王，驻守在徐州一带。刘邦打败项羽的第二年（公元前201年），又封异母弟刘交为楚王。楚国"辖薛郡，东海、彭城三十六县"。西汉时期，在徐州共封、传楚王十二代。前八代楚王，共历时132年。从第九代起为宣帝后裔，时代较晚。狮子山兵马俑1、2号坑共计出土兵马俑2300余件，数量之多，规模之大，是除秦陵兵马俑和杨家湾汉兵马俑之外很少见的。据推测，狮子山兵马俑主人当在前八代诸侯王之内，时间当为汉景帝至武帝之际。

梁王刘武一直等不到援兵，只得命大将韩安国等全力抵御。梁军反而因此而士气大振，屡败叛军。待叛军攻梁受到相当消耗后，周亚夫将主力推进至下邑，进逼叛军侧背。叛军只好先来攻打周亚夫。但周亚夫坚壁不应，几次挑战，周亚夫都不出战。时间一长，周亚夫军中都有些军心不稳了。

一天晚上，营中突然发生混乱，嘈杂声连周亚夫的大帐里都能听见，但周亚夫始终躺在床上不动。一会儿，混乱自然就平息了。几天后，叛军大举进攻军营的东南，声势浩大，但周亚夫却让部下到西北去防御。结果在西北遇到了叛军主力的进攻，由于有了准备，所以很快击退了叛军。

吴军断粮多时，士兵饥饿不堪，战斗力极弱，便引军撤退。周亚夫于是派精兵追击，大破吴军。吴王刘濞仅率数千人弃大军南走，躲入江南的丹徒县（今江苏镇江市东南）。汉军穷追不舍，楚王自杀，吴王刘濞只得逃入越国。朝廷悬赏黄金千两捉拿吴王。一个多月以后，越国人斩下了吴王的头，前来报功请赏。吴楚军一败，其他几国的叛军也迅速平定。这次叛乱经三个月就很快平定了，战争结束后，大家这才纷纷称赞周亚夫的用兵之道。但梁王却因为周亚夫没有及时救援，和他结下了仇。

名将末路

在公元前152年，丞相陶青有病退职，景帝任命周亚夫为丞相。开始景帝对他非常器重，由于周亚夫的耿直，不会讲政治策略，逐渐被景帝疏远，最后落个悲剧的结局。

有一次，景帝要废掉栗太子刘荣，刘荣是栗姬所生，所以叫栗太子。但周亚夫却反对，结果导致景帝对他开始疏远。还有和他有仇的梁王，在平七国之乱中，因周亚夫一直不肯发兵救梁国，对周亚夫怀恨在心。梁王为景弟最小的弟弟，备受窦太后喜爱，甚至窦太后一直希望景帝将来能将皇帝的位子传给弟弟。梁王刘武一直记恨前事，每次到京城来，都会在母亲窦太后和兄长景帝的面前数说周亚夫的不是。久而久之，窦太后和景帝对周亚夫都很厌恶。尤其是窦太后在朝中势力很大，周亚夫因此在朝中处在了相当孤立的位置。周亚夫却没有觉察，性情没有任何改变，这直接铸成了后来的悲剧。

梁孝王刘武

梁孝王名刘武，汉高祖刘邦之孙，文帝刘恒之子，景帝刘启之胞弟，武帝刘彻的叔父。梁孝王陵位于保安山南峰，坐西面东，墓葬全长约90米，宽处30余米，主室内高4米，由墓道、车马室、甬道、主室、回廊、排水设施等组成，墓内面积700平方米，容积2000立方米。该陵墓规模较大，结构复杂，充分体现了我国古代劳动人民的聪明才智。

该图来自于西汉梁孝王王陵梁王刘武之子刘买墓室壁画。刘武是景帝的弟弟，帮助景帝平定了七国之乱，功高盖世，赏赐丰厚，富可敌国，所以他们家族的墓葬规格极高，都是将整座山掏空的整体石室。有天顶壁画的是刘武之子刘买的墓，称柿园汉王陵，现在是国家四A级景区了。壁画被誉为"敦煌之敦煌"。

后来，有两件事导致了周亚夫的悲剧。一件是皇后的兄长封侯，一件是匈奴王封侯。窦太后想让景帝封皇后的哥哥王信为侯，但景帝不愿意，说窦太后的侄子在父亲文帝在世的时候也没有封侯。窦太后说她的哥哥在世时没有封侯，虽然侄子后来封了侯，但总觉得对不起哥哥，所以劝景帝封王信为侯，景帝只好推脱说要和大臣商量。在景帝和周亚夫商量时，周亚夫说刘邦说过，不姓刘的不能封王，没有功劳的不能封侯，如果封王信为侯，就是违背了先祖的誓约。景帝听了无话可说。再后来匈奴王唯、许卢等五人归顺汉朝，景帝非常高兴，想封他们为侯，以鼓励其他人也归顺汉朝，但周亚夫又反对说："如果把这些背叛国家的人封侯，那以后我们如何处罚那些不守节的大臣呢？"景帝听了很不高兴，当着众人的面说："丞相的话迂腐不可用！"然后将那五人都封了侯。这件事后，心高气傲的周亚夫很受打击，因而称病闲居，景帝以病正式免去他的丞相职务。

窦太后

窦太后，是孝文帝皇后，景帝（前156—前141年在位）之母。据《史记·外戚世家》载，窦太后最初以"良家子"入宫侍奉吕后，后因吕

第一章 汉祖陵前草色新
——沛国周氏

后遣散宫人而得以侍奉薄太后之子,时为代王的汉文帝刘恒。后来窦氏以子刘启立为太子而贵为皇后。文帝死,景帝立,进而被称为太后。

后来景帝想重新起用周亚夫,又把他召进宫中设宴招待,想试探他脾气是不是改了,所以他的面前不给放筷子。周亚夫不高兴地向管事的要筷子,景帝笑着对他说:"莫非这还不能让你满意吗?"周亚夫羞愤不已,不情愿地向景帝跪下谢罪。景帝刚说了个"起",他就马上站了起来,不等景帝再说话,就自己走了,他对皇帝的恼恨一览无遗。景帝叹息着说:"这种人怎么能辅佐少主呢?"

这事刚过去,周亚夫又因事惹祸,这次是由于他的儿子。儿子见他年老了,就偷偷买了五百甲盾,准备在他去世发丧时用,这甲盾是天子用的,国家禁止个人买卖。周亚夫的儿子给佣工期限少,还不想早点给钱,结果,心有怨气的佣工就告发他私自买国家禁止的用品,要谋反。景帝派人追查此事。

负责调查的人叫来周亚夫,询问原因。周亚夫不知道儿子做了什么,不知如何回答问题,负责的人以为他在赌气,便向景帝报告了。景帝很生气,将周亚夫交给最高司法官廷尉审理。

廷尉问周亚夫:"君侯为什么要谋反啊?"

周亚夫答道:"儿子买的都是丧葬品,怎么说是谋反呢?"

廷尉作色道:"你就是不在地上谋反,恐怕也要到地下谋反吧!"

周亚夫受此屈辱,无法忍受,开始差官召他入朝时就要自杀,被夫人阻拦,这次又受羞辱,更是难以忍受,于是绝食抗议,五天后,吐血身亡。

相士许负当日的预言,已经全部应验。然而,仔细分析起来,这并不是什么神奇的奇迹,考虑到一些因素,这些结果就是必然的,许负可能就是看到了这些必然的因素,才能做如此准确的预言。周亚夫终遭厄运,很难说与其父周勃当年搞政变,弑少帝这些旧案毫无联系,皇帝本来就对他们一家不放心,给他们的爵位也一再中断,再加上他那种高干子弟的性格,缺乏社会基层生活历练,在人际关系上也缺乏灵活度,甚至连皇帝也不尊重。结果导致悲剧结局,实在是顺理成章的事情。

历史上的周姓名人

周氏地望在汝南郡,即现在的河南省汝南县东南六十里。三国时有名将周瑜,曾率领吴军大破曹兵于赤壁。宋代的著名词人周邦彦被称为"词家之冠",而哲学家周敦颐则对理学的发展产生过很大的影响。清代的周姓名人则有词论家、词人周济,著有《词辨》等作品。到了近代,文学家、思想家周树人(鲁迅)是最广为人知的周姓名人。中华人民共和国的开国总理周恩来则不仅为中国人所熟知和爱戴,也赢得了外国朋友的欣赏和尊敬。这些历代的周氏著名人物,为周氏家族增添了不少的荣誉和光芒。现在,周姓是中国的第九大姓。

第二章　千万岁富贵一朝尽——吕氏外戚

据《元和姓纂》记载，吕姓始祖太岳是炎帝姜姓之后，是大禹的"心吕之臣"（吕，是"脊骨"的意思，引申为重要）。故后来被封为侯，即吕侯太岳，其子孙就以吕为姓。《通志·氏族略》介绍，说历史上有其他姓因为某些原因而改姓吕，例如晋时的魏氏、后魏的比丘氏等。也就是说，中国的吕姓，并不是只源自于一系。

西汉高祖刘邦皇后吕雉，在刘邦死后，曾专权十六年，刘家的天下，几乎被吕家所得。人们常以为吕氏是凭借裙带关系登上政治舞台的，实际上吕氏在汉朝开国的过程中战功不俗，有两人列汉初十八大功臣。所以吕氏与后来中国历史上的那些外戚是不同的，吕氏的地位是有战功作为基础的。可是为什么《史记》《汉书》等权威著作上却难以看到他们的名字，吕氏战功消失的原因究竟是什么呢？

代表人物：吕泽 吕雉
对政局影响：吕氏佐高祖定天下，吕雉是汉高祖刘邦皇后，同时也是中国古代称制（行使皇帝权力）女子第一人，由于吕氏后来政治斗争失败，实际战功被人为地淡化了。
溯本追源：吕雉早年其父为避仇迁居沛县，将其嫁与刘邦。
家族兴衰：吕氏专权的时代，直到吕雉去世才告结束。周勃、陈平等功臣尽诛吕氏。

◎ 吕泽：尘封的开国元勋

悼武王

　　吕泽是吕雉的哥哥，在《史记》中，司马迁对他的定语是"发兵佐高祖定天下"，于汉定天下后受封为令武侯。但记载到此戛然而止，并未写出他的实际战功。是否因为吕泽是当朝外戚而有意避讳呢，还是另有隐情，其实际战功被人为地淡化了，汉朝又为什么要这样做呢？司马迁在《史记》中录用大量朝廷绝密档案，从而为吕泽的功劳，保留了一些蛛丝马迹。现在根据这些有限的史料，让我们来看一看，汉朝到底隐瞒了些什么。

　　刘邦反秦之初，吕泽就已随同起兵，但却史无记载。依汉朝的说法，吕泽也仅是以刘邦属下的身份参与反秦事业而已。这好像是说他在其中的作用微乎其微，更谈不上他独领一军，半刘邦军之数。但《史记》不经意透漏出一条记载，有人"属悼武王，破秦军杠里"一事，悼武王指的就是吕泽，当时就有人属吕泽，表明吕家军的存在。实际上，吕泽的部队是一支独立于刘邦、项羽的反秦力量，如同田横、赵歇之辈。

　　项羽率军北上时，吕泽为援赵楚军扫清道路，跟随过河击秦。吕泽此时可以说属于项羽部，巨鹿之战应该说吕泽是有功的。在楚汉战争中，吕泽参加了汉定三秦（项羽将原秦国分为三个地区封给三个秦军降将，故称三秦）的战争，此战吕泽打得相当艰苦。刘邦率诸侯联军东击项羽老巢彭城时五十六万人被项羽三万骑兵击溃，多亏吕泽援军相助才能再度振兴。吕泽在楚汉战争中之功劳最大者，当属灭齐与歼灭龙且（ju居）之战。历代都将歼灭龙且二十万楚军之功一概归于韩信名下，实际上，吕泽也出力不少，龙且军团的覆灭实为韩信与吕泽协作而成。

韩信击灭龙且二十万大军之战

韩信攻打齐国时，项羽遣龙且率二十万兵马帮助齐王田广合力抗汉。有人前来向龙且献计：汉军远征作战，所向披靡，而齐、楚本土作战兵易涣散，不如深沟高垒，以守为攻。招抚已沦陷城邑，使知齐王存、楚来救，这必定使汉军得不到粮食，会不战自败。龙且轻视韩信，又急求战功，不用此计，率兵与韩信军隔潍水东西（今山东境内的潍河）摆开阵势。韩信连夜派人做了一万多条袋子，盛满沙土，壅塞潍河上流。率一半军队涉水进击龙且之阵，龙且出兵迎击，韩信佯装败退，龙且以为韩信怯弱，率军渡江进击。这时韩信命人决开壅塞潍河的沙囊，河水奔流而至，龙且的军队大半没有渡过去。韩信挥军猛烈截杀，杀死龙且。东岸齐、楚联军见西岸军被歼，四处逃散。韩信率军急渡水追击至城阳，楚兵皆被俘虏。齐王田广逃走不久被杀。（公元前203年）齐地全部平定。

之所以吕泽在当时发挥了如此独特的作用，在于他拥有一支独特的部队，史书上，吕泽屡屡被称为"连敖"，这一官职名称是楚语，意思指的是骑兵长官。秦末纵横于战场的善骑者为数不少，但以楚军为最，项羽就曾在彭城之战中，以骑兵三万大破汉军五十六万。后来在楚汉战争中，楚军骑将降于吕泽，有吕马童、杨喜、杨武、王周等人，而吕马童就是项羽乌江自刎时，要赠头颅给他的那位"故人"（《史记·项羽本纪》项王身亦被十余创。顾见汉骑司马吕马童，曰："若非吾故人乎?"马童面之，指王翳曰："此项王也。"项王乃曰："吾闻汉购我头千金，邑万户，吾为若德。"乃自刎而死）。

由此，吕泽手里头就掌握了一支强悍的楚军骑兵部队，而刘邦手里头只有大批秦军降将，其中善于骑射者不过王离部下的匈奴游牧骑兵，以及刘邦自己招募的楼烦人。王离是秦军镇守长城的边军大将，巨鹿之战中被项羽打败，其部队散于天下，而楼烦是内迁北狄的一支，约在春秋之际建国，其疆域大致在今山西省西北部的保德、岢岚、宁武一带。另外有一种说法认为，古楼烦国不是戎狄之国，而是周天子所封诸侯，为子爵。到先秦时期，列国间战争频仍，楼烦以其兵将强悍、善于骑射，闻名天下。但这些骑兵都非当时巨鹿之战打败秦军主力、声势显赫的项羽骑兵之敌,唯有吕泽由原装楚军构成的骑兵部队方能略微与之抗衡。面对项羽强敌,刘邦汉军屡战屡败而不堕,反而最终夺取天下,吕泽的游击骑兵居功至伟。

只不过建立汉朝后,吕泽的人全部划归为汉军阵营,抹杀了其独立作战的历史。

中国骑兵发展的黄金时代

进入两汉时代,就迎来了中国骑兵发展的黄金时代,因为对匈奴等游牧民族作战的需要,骑兵迅速壮大,军队作战从以前的车骑并重转变为骑兵取代车兵,骑兵成为决定胜负的力量。

说到汉代骑兵的发展就不得不提及匈奴骑兵,匈奴是北方的游牧民族,全族均为能骑善射之士。汉初时匈奴已号称"控弦之士"三十万,时刻威胁着汉朝的北部。匈奴人是典型的亚洲式轻骑兵,作为游牧民族,他们从小生长在马背上,长于骑射,马术精良、射术奇佳。晁错曾在《言兵事疏》中说匈奴有三大长处为汉军所不及:其一,上下山阪,出入溪涧,中国之马弗与也;其二,险道倾仄,且驰且射,中国之骑弗与也;其三,风雨罢劳,饥渴不困,中国之人弗与也。这也就指明了骑兵较之车兵的较大优势,车兵只能在平原之上才能发挥威力,而骑兵在较狭小的地形也能作战,比车兵更为机动灵活。

薄封

刘邦在灭秦后,韩信、英布等人被分封为异姓王,吕泽功劳又大,且身为刘邦妻族,却不被封王,为什么赏赐如此之薄,而致使其后声名不显呢?

首先,吕泽部在楚汉战争中功劳甚巨,但后来其属下部队分化独立,各自为战。陈豨在北方作战,丁复自成一体后归于刘邦,傅宽加入韩信军。由此其战功被分化,无人想将功劳让于别人,刘邦也有意分化其功,同时正是吕泽身为亲戚,刘邦也少些顾及吧。

其次,吕氏后来卷入的政治斗争,使汉朝也有意掩盖吕泽之功。最初，刘邦建国后有废太子改立戚夫人所生子如意的打算，就有压低吕泽之功的意向。最终刘邦未能如愿以偿改立太子，也是顾忌吕泽集团的势力。刘邦以太子刘盈孱弱为虑，欲以戚夫人所生子如意替代之，遭到众大臣的一致反对。再后来，吕氏家族的势力膨胀过度，吕太后称制时期，大封吕氏子弟，多人无尺寸之功却得以封侯，由是支持者纷纷倒戈，最终造成吕氏灭族。于是吕太后死后，众人合力灭了吕氏。灭吕氏之后，出于对吕太后的痛恨，也为了消除吕氏的影响，朝廷上下或开始将吕氏的战功从史书中有意地删除，于是，也造成我们对吕泽这个人一无所知了。

◎ 吕雉：背负千古骂名的女人

杀功臣

谈到中国历史上的女皇帝，人们都会想到武则天，其实早在西汉的时候，汉高祖刘邦的妻子吕雉就成了高祖之后第一个实际的女性统治者。史书记载她实际统治了西汉十六年，其间"杀功臣""杀戚姬"，最后欲以吕氏代刘氏天下，在人们心目中她是一位背叛丈夫、手段狠辣、善妒无情的女人，背负着千古骂名。那么，究竟吕雉是一位什么样的人呢？让我们一起去检索一下历史的真实。

吕雉是刘邦的结发之妻，后来被册封为皇后。早年其父为避仇迁居沛县，在一次宴会上结识刘邦，因欣赏刘邦非凡的气度，便把女儿许配给他，史称其慧眼识英雄。有关吕公嫁女与刘季之事，其实这个说法可能是吕雉显贵后抬高自己的一种宣传。因为吕雉之妹吕须，就嫁给了樊哙，而樊哙当时不过是以屠狗为业的市井之徒。可见吕雉嫁刘，刘邦并无攀龙附凤之嫌。楚汉战争开始不久，吕雉和刘邦的父母被项羽俘虏，监禁于军中作人质。吕雉的性格很坚忍，在这样恶劣的环境下，她一直顽强地活着，好几次项羽要杀他们，多亏项羽的叔父项伯从中周旋，说："为天下者不顾家，即使杀了他们刘邦也不会顾惜，何必多此一举？"如此，她和公公婆婆才得以幸免。

虽然有过这样的患难，但在刘邦得到天下宠爱戚夫人而冷落自己时，她却表现得很成熟，没有自怨自艾，而是很好地隐藏起来妒意，广交重臣，维护自己与儿子的地位和利益，在诛杀异姓王的过程中成为刘邦的重要参谋和助手，从此刘邦觉得不能缺少她，就让她参与朝政，说起来这些功臣的被杀，大部分都"归功于"吕雉。

早在刘邦与项羽争夺天下时，刘邦为了笼络部下，先后封了七个异姓王。楚汉战争结束以后，这些占据大量地盘、拥兵自重的异姓王，成了刘氏天下的重大威胁。为了巩固自己的统治，刘邦开始杀戮功臣，真正是"兔死狗烹、鸟尽弓藏"。韩信原被封为楚王，后来降为淮阴侯。刘邦离京平叛时，吕雉用萧何之计骗韩信，说刘邦获得大捷，请他来一起庆功欢宴。韩信中计，果然前来，吕雉斩之长乐宫钟室。韩信临死之前说："我竟然被女人所诈，真是羞耻啊！"当年将兵百万的一代英雄就这样死于吕雉一女子之手。刘邦回来后，且喜且怜，毕竟韩信是有大功的，他下不了手，没想到吕雉比他更加心狠手辣。

长乐宫：大汉基业奠定之处 一代名将身死之地

前202年，汉高祖在秦朝兴乐宫的基础上建成长乐宫，是为大汉三宫之一，两年之后建成未央宫后才把汉朝的都城从栎阳迁都长安。长乐宫是西汉的政治中心，其总体上是由四组宫殿组成：长信殿、长秋殿、永寿殿、永宁殿。长乐宫是汉高祖刘邦处理政务的地方。

在历史上，长乐宫又叫"东宫"。淮阴侯韩信就是被吕雉和萧何诱杀在长乐宫的钟室之内。刘邦死后，皇帝移住未央宫。长乐宫就专供太后居住，遂得名。

从另一事件中更能看出吕雉的毒辣比刘邦有过之而无不及，彭越原被封为梁王，被人诬告谋反被刘邦抓起来，因为谋反证据不足，刘邦削掉他的王位放逐到蜀地。彭越在路上遇上吕雉，以为遇上了救星，求吕雉让他回山东老家。然而，哪知不遇上吕雉到蜀地苟延残喘反而能活，遇上了她反倒枉送了性命。吕雉假惺惺地答应了彭越的要求，将他带回了京城。到了京城她在刘邦耳边煽风点火："把彭越放逐到蜀地无异于放虎归山，还不如斩草除根，以绝后患！我已把他带回洛阳，请陛下痛下决心。"她又找了假证人告发彭越，结果彭越的全家老小几十口人全都被杀害。

生死一知己，存亡两妇人

韩信墓有一副对联："生死一知己，存亡两妇人。"

"一知己"就是萧何。所谓"成也萧何，败也萧何"，与"生死一知己"的意思是一样的。

由于萧何的慧眼识才，强力推荐，韩信才得以施展胸中抱负，所以萧何可谓韩信的知己。但在刘邦当了皇帝后，猜疑韩信，韩信得知后，便与夏阳侯密谋造反。此事被萧何识破，诱他到长乐宫中，被吕后斩首。所以后人说：成也萧何，败也萧何。

"两妇人"指的是"漂母"和吕后，韩信投军之前，因家贫，差点饿死，"漂母"赐饭，保存了韩信的生命。后来韩信谋反，吕后设计，断送了韩信的生命，所以说"存亡两妇人"。

吕雉不仅仅毒辣，更能将自己的政治手腕深藏不露，在不动声色中阻止刘邦废太子这件事上可谓上乘表演，把开国皇帝汉高祖刘邦玩弄于股掌之上。太子刘盈是吕雉的儿子，刘邦晚年发现刘盈生性"仁弱"，认为不像自己，而戚夫人之子刘如意更像自己，为了避免皇权旁落，刘邦决定废嫡立少，欲以赵王刘如意为太子。吕雉年长，在刘邦眼里不过是一黄脸婆，几个月才见她一次。恃宠的戚夫人夺宠又欲夺嫡，极力想让自己的儿子立为太子。吕雉惶惶不可终日，形势对她是很不利的，但她能利用各种关系，把自己的利益与诸位大臣捆绑在一起，使形势逐渐转变。公元前205年六月，刘邦对御史大夫周昌谈了自己废嫡立少的想法，遭到周昌全力反对，他在朝堂上为刘盈据理力争，当时正在殿东堂侧耳细听的吕雉对他感激涕零。当她见到周昌时，竟"扑通"一声跪在地上，感谢周昌主持"公道"。同时，吕雉还逼迫"闭关修炼"的张良出来为她谏阻，并采用张良计谋，以卑辞厚礼迎来刘邦素来敬仰的四位隐士，即"商山四皓"，这四个高士刘邦自己当年可是怎么也请不来，今天却主动出山要来辅佐刘盈，刘邦见自己如此孤立,就打消了废太子的念头。

商山四皓与商山四皓碑林园

商山四皓,指秦末汉初的东园公、甪里先生、绮里季和夏黄公四位著名学者。他们因避秦焚书坑儒而隐居商山,世称"商山四皓"。今商山四皓碑林园,位于丹凤县城西7.5公里的商镇西街,属省级重点文物保护单位。园内巨冢罗列、古柏环绕、碑石林立,埋葬着两千多年前秦朝的四位博士。后商山四皓虽匡定汉室有功而拒不受封,仍隐居商山,死后汉孝惠帝亲自立碑"文官下轿,武将下马",诏令百官四时扫墓,以示尊敬。

历代过往商山之文人骚客以四皓为题,盛赞四先生高风亮节的诗词达几百篇,诗人李白的《过四皓墓》、白居易的《谒四皓庙》等更是脍炙人口,千古流传。为了将四皓先生的高风亮节昭示后人,当地政府于2003年11月建成四皓碑林园,立50通碑,精选历代文人雅士盛赞四皓先生的诗篇,邀请当代书法名家沈鹏、张飙、刘艺、钟铭善和文化名人贾平凹书写诗词勒石上墙,将古诗词文与历史文物、书法雕刻艺术融为一体。

白马之盟

公元前195年,刘邦在讨伐英布的战斗中中了毒箭,病情日重,刘邦知道自己将要不久于人世,带着文武大臣来到太庙,杀了匹白马起誓:"从今以后,凡不姓刘的,一律不许封王,凡没有功劳的,一律不许封侯。"他要文武大臣一起宣誓,永远遵守这个誓约。这就是历史上记载的"白马盟约"。但刘邦所料不及的是,后来违背"白马盟约"的就是他的结发之妻吕雉。"白马盟约"之后,刘邦的病已回天无术,于公元前195年四月去世。五月,刘邦17岁的儿子刘盈即位,即汉惠帝。由于他少不更事,大权便落入太后吕雉的手中,这一年,吕雉46岁了。

刘邦死后的正史记载是这样的:

吕雉以太后身份手握生杀大权,第一个收拾的就是自己恨之入骨的戚夫人:她先以毒酒杀死戚夫人的13岁的儿子赵王如意,吕雉派人将戚夫人拖进永巷(当时的冷宫)里,关进女囚牢狱。戚夫人如同奴隶一般,一天到晚必须舂一定数量的米,舂不到数量就不给饮食。娇嫩柔弱的戚姬受尽了折磨,终日只能以泪洗面,苦捱时光。更悲惨的命运还在后头,吕雉仍不罢休,她命人砍去戚夫人的手脚,挖出双眼,熏聋耳朵,灌药使她变哑,最后在厕所中建一猪圈,把她养在猪圈之中,称为"人彘"(人猪)。

过了几天,吕雉派人请惠帝来观看"人彘",期盼儿子和她同赏胜利的喜悦。惠帝见了这没有手脚不能行动、没有眼珠看不见东西、张开嘴发不出声的妇人横在厕所里,惨不忍睹,尔后仔细一看,原来是父亲最宠爱的妃子、刘如意的生母戚夫人,顿时失声号啕,回到宫中便卧病在床,他在病中派人对生母吕雉说:"把人害成这样,简直没有人性,我是你的儿子,你叫我以后如何治理天下呢?"从此以后,汉惠帝再也不去过问朝廷之事,整日整夜饮酒作乐,企图以此解除心头的郁闷。公元前188年八月,汉惠帝终在忧郁中死去,去世时年仅二十四岁。

号令一出太后

吕后大权在握,乃大赦天下,使用族人吕台、吕产、吕禄为将,控制长安南北禁军,此时吕氏已经掌控国家大权,史称"号令一出太后"。为进一步巩固吕氏政权,吕雉打算封几个吕家的子侄为王,她征询大臣们的意见,右丞相王陵直言不讳,说:"高帝曾经和大臣们订过白马盟约,谁不遵守这个盟约,就一起攻打他。现在要封吕家人为王,这是违背盟约的,我不同意!"吕雉听了面沉似水,又问太尉周勃和左丞相陈平,他们正与此相反,说:"高祖平定天下,封自己的子弟为王协助治理国家,现在太后临朝,同样为天下操心,也可以封自己的子弟为王,有何不妥!"吕雉面露喜色。罢朝后,王陵责怪陈平、周勃说:"当年与先皇歃血为盟,诸君不都在场吗?现在先皇一死,诸君就意欲投靠女主,协助吕氏称王,将来有何面目见先皇于地下?"陈平、周勃微微一笑,回答他说:"现在当面顶撞太后,我们没有您那样的勇气,但说道保全汉家天下,您却不如我们啊,以后慢慢看吧。"

没过多久,吕雉就借故免掉了王陵右丞相的职务,将左丞相陈平升

第二章 千万岁富贵一朝尽
——吕氏外戚

为右丞相，任自己的亲信审食其为左丞相。之后，吕雉又罢免了一些忠言直谏和与她政见相左的大臣，在扫清了这些障碍之后，她牢牢地掌握了一切朝政大权。于是，便肆无忌惮地开始分封诸吕为王。为掩人耳目，吕雉先封惠帝几个名义上的儿子为王侯，又派大谒者张释暗示大臣，请立诸吕为王。于是，追尊其父吕公为宣王，追封其长兄吕泽为悼武王，封吕泽长子吕台为吕王，以齐的济南郡为吕国。在封诸吕的同时，吕雉先后杀掉了三个刘氏诸侯王，分别为赵王刘友、梁王刘恢、燕王刘建，夺取他们的封地，把吕家人吕禄、吕产、吕通分别封为赵王、梁王、燕王。

惠帝的张皇后没有儿子，吕雉将一后宫美人生的婴儿称是张皇后的儿子，立为少帝，并将美人杀了灭口。襁褓中的幼婴混沌不知，吕雉得以顺理成章地临朝称制。

处女皇后张嫣

张嫣，汉惠帝刘盈的皇后，鲁元公主之女。刘盈二十岁时，吕后作主将张嫣嫁给刘盈，张嫣是刘盈的外甥女，当时只十岁多一点。刘盈死时，张嫣年仅十四岁。吕氏族灭，这个尚未成年的寡妇被废，软禁在只有吃喝而没有自由的北宫，度过了二十多年。死时仅三十六岁。

吕雉虽然千方百计地想巩固政权，不辞辛劳地帮扶少帝临朝，但少帝并不感激她。公元前184年，少帝逐渐长大，知道了自己的身世和母亲的遭遇，不谙宫廷险恶的他气愤地说："太后怎么可以杀死我的母亲呢？将来我长大了，一定替她报仇！"吕雉闻知这件事后，立即将他幽禁在永苍宫，不日就杀害了他，另立恒山王刘义为帝。

四年之中，吕雉立了两个少帝。四年后，吕雉患了重病，她生怕自己死后群臣谋反，命赵王吕禄、梁王吕产分别掌管都城南北的禁卫部队，任吕产为相国，将吕禄的女儿指配给小皇帝刘弘做皇后。吕雉做完了最后的安排，公元前180年，吕雉崩，终年六十二，与汉高祖刘邦合葬长陵。由于刘邦曾与诸大臣共立"非刘氏不王"的誓约，吕雉封诸吕为王，遭到刘氏宗室和大臣的强烈反对。诸吕在吕雉死后阴谋作乱，被太尉周勃、丞相陈平和朱虚侯刘章等迅速剪灭，大臣们派人到代郡接刘恒到长安即位，他就是汉文帝。汉文帝即位后，汉家天下得以恢复。

千古骂名

他细研务会发现，上述刘邦死后的历史记载中隐藏着某种真相，吕雉和诸吕很有可能是被冤枉的。所谓吕氏作乱、欲危刘氏、周勃安刘，可能并不是事实。

上述历史记载的依据主要是：诸吕擅权，杀刘氏诸王和废少帝，随后封吕氏为王，破坏白马之盟，由是有吕氏代刘之心。关于这几项大罪，笔者不能认同。杀刘氏诸王，指刘如意、刘友、刘恢、刘建四人。实际上，刘如意被杀是因为他威胁了孝惠帝的地位。刘友、刘恢是潜在反对吕氏势力的人，吕后心中自然认为也是不利于孝惠帝，所以吕雉杀刘氏诸侯王和废少帝实际上是为自己的亲骨肉孝惠帝这一嫡系。

汉惠帝

汉惠帝刘盈（前213年—前188年），西汉第二位皇帝（前194年—前188年），在位七年。在位期间，实施"仁政"，减轻赋税，提拔贤人曹参为丞相，政治比较清明，社会也很安定。但是惠帝优柔寡断，软弱无能，在位后期处处受母亲吕后牵制，以至最后抑郁而终，享年仅二十四岁，葬在安陵。惠帝死后，吕后进行了长达八年的专权统治。

"惠"有"仁慈、柔顺"的意思，这个谥号可谓概括了刘盈的一生。从惠帝开始，汉朝皇帝的谥号都加一个"孝"字，如"孝文帝"、"孝武帝"，这是因为汉朝统治者推崇孝道、"以孝治天下"的原故。惠帝做了7年有名无实的皇帝，在二十四岁的时候就早早地死去。惠帝死后，吕后又执政八年。这前后十五年，是汉王朝从建国到文景之治的过渡时期、奠基时期，在历史上占有重要地位。

同样的道理，吕雉的封诸吕为王，也是为了设立奥援。刘邦和大臣们订立的白马盟约，实际上是针对当时势力强横的异姓诸王，例如韩信。

吕雉封王，有着同样的背景，"七年秋八月戊寅，孝惠帝崩。发丧，太后哭，泣不下。留侯子张辟彊为侍中，年十五，谓丞相曰：'太后独有孝惠，今崩，哭不悲，君知其解乎？'丞相曰：'何解？'辟彊曰：'帝毋

第二章　千万岁富贵一朝尽
——吕氏外戚

壮子,太后畏君等。君今请拜吕台、吕产、吕禄为将,将兵居南北军,及诸吕皆入宫,居中用事,如此则太后心安,君等幸得脱祸矣。'丞相乃如辟疆计。太后说,其哭乃哀。"意思就是说作为独子的孝惠帝死了,吕雉却没有落泪,主要原因就是担心大臣们作乱,等大臣们明白她的意思,自动放权后,她才心安。而后吕雉才开始大封自己家族人为王。从上面来看,吕雉封自己家族为王更非欲危刘氏。不过是因为皇帝年幼,怕功臣集团作乱,而凭借家族势力为后盾震慑功臣集团。其目的还是为了孝惠帝一脉,而非是取代刘氏。

事实也证明了吕雉的先见之明,她唯恐诸吕庸碌,不能保孝惠一脉。《史记》记载吕雉死前"诫产、禄曰:'高帝已定天下,与大臣约,曰'非刘氏王者,天下共击之'。今吕氏王,大臣弗平。我即崩,帝年少,大臣恐为变。必据兵卫宫,慎毋送丧,毋为人所制。'"结果吕雉死后,少帝年少,功臣集团果然起事,吕氏的屠灭,直接原因正是由于没有实施翦灭政敌的计划。

刘邦死后,政权实际掌握在吕雉手中,她统治的十六年间,相继重用萧何、曹参、王陵、陈平、周勃等开国功臣,"无一非高帝注意安刘之人",刘邦临终前,吕雉问刘邦身后的安排。她问萧何相国后谁可继任,刘邦嘱曹参可继任;曹参后有王陵、陈平,但不能独任;周勃忠诚老实,文化不高,刘家天下如有危机,安刘氏天下的必是周勃,可任太尉。吕雉虽实际掌握大权,但她仍是遵守刘邦临终前所作的重要人事安排遗嘱的。所以,可以进一步质疑历史上所谓"吕氏作乱"。

总之,吕雉虽性格残暴,但我们要黑白分明,不能将此弥天大罪妄加在她身上。吕雉和刘邦在保全刘家天下上是一致的。真实情况应该是,周勃等功臣政变之后,为掩人耳目,将所有罪责都推给了吕雉和诸吕,让她背负了千古骂名。

另外,从宏观来看,吕雉在维护西汉王朝的统治上也是起积极作用的。因为当时楚汉战争结束,西汉王朝建立,但西汉王朝的根基还很不稳固,几个建立功勋的异姓王自恃功高,意欲震主,刘邦的龙椅左右微晃。汉王朝内外交困,危机不断,正是吕雉协助汉高祖刘邦果断出击,及时采取措施,剪除了一些威胁性很大的异姓王,消除了隐患,排除了危机，稳定了天下。吕雉当政内，创自刘邦的休养生息的黄老政治也进一步得到推行，倡导无为而治，从民之欲，从不劳民。在经济上，实行轻赋税。对工商实行自由政策。在外交上，吕雉有政治家的风度，匈奴冒顿单于乘刘邦之死，下书羞辱吕雉，说："你死了丈夫，我死了妻子，两主不乐，无以自虞，愿以所有，易其所无。"吕雉采纳季布的主张，压住怒火，平心静气复书说："我已年老弃衰，发齿也堕落了，步行也不方便。"然后赠与车马，婉言谢绝，化干戈为玉帛，匈奴自愧失礼，遣使向汉朝认错。在吕雉统治时期，不论政治、法制、经济和思想文化各个领域，均全面为"文景之治"奠定了坚实的基础。所以《史记》把吕雉列入《本纪》以记其事。

最后，作为个人而言，吕雉虽然有被冤枉的可能，但她的性格确实暴虐和不仁，也不应忽视这一点。汉文帝是高祖的庶子，母亲是薄姬，非吕雉所生。吕雉孜孜以求孝惠天下，却不知道螳螂捕蝉、黄雀在后，到头来为人做嫁衣，空忙一场，这也算是对她确实有过暴虐不仁行为的报应偿吧。

历史上的吕姓名人

吕氏地望在河东郡，今山西夏县北。史书中，出现得最早的吕姓人是吕尚，即姜太公，曾辅佐周武王灭商有功而被封于齐国，为齐国始祖。战国末年，大商人吕不韦，是秦始皇的"仲父"，在中国历史上是一位举足轻重的人物，曾令门下宾客编纂《吕氏春秋》。随后，除西汉吕氏外，吕氏名人还有被鲁肃称为"学识英博，非复吴下阿蒙"的三国时吴国大将吕蒙，曾随同周瑜在赤壁之战中大败曹军。西晋时有文学家吕忱，唐朝有哲学家吕才，宋代则有三任宰相的吕蒙正，名臣吕端、吕公著，学者吕大临、诗人吕本中、哲学家吕祖谦等，明朝画家吕纪、思想家吕留成等人也为吕姓家族添上光彩的一笔。吕姓为当今中国大姓中的第四十大姓。

第三章　帝国脊梁——太原霍氏

霍氏姓源出姬姓。始祖是周文王的第六房子孙霍叔处。周武王灭纣后，曾封同母弟叔处到霍地（今山西霍县西南部），人称霍叔。周武王让他同管叔、蔡叔共同监管殷族遗民，称为"三监"。武王死后，周成王年纪太小，周公旦临朝摄政，管叔、霍叔、蔡叔等见周公势力增大，倍感妒忌，便联合武庚发动叛乱，结果被周公旦平叛，霍叔处也被贬为庶人，由他的儿子继任霍君掌管霍地。霍国于公元前661年被晋国吞灭，霍君的后人便开始了以霍为姓，称为霍氏。这一家族是和伟大的汉武帝时代联系在一起的，霍去病一生都在对匈奴的作战，似乎注定天生就是匈奴的克星，霍光辅佐一位皇帝，废一位皇帝，再立一个皇帝。汉代自开国而至霍氏，仅仅吕氏可与它相提并论，吕氏多有战功，霍氏则以霍去病、霍光两人而煊赫。

代表人物：霍去病　霍光
对政局影响：霍去病与匈奴作战多胜，霍光受武帝托孤，专政20年。
溯本追源：父霍仲孺先在平阳侯曹襄府中为吏，与平阳侯的侍女卫少儿私通生霍去病，后归家娶妻生霍光。
家族兴衰：霍光去世后，霍氏一门骄奢放纵，最终被灭族。

◎ 霍去病：傲岸的天才

羽林骑

霍去病是历史上的名人，年纪很轻就立下了很大的战功，反而给人一种他就是运气太好的一纨绔子弟的感觉，但事实并非如此。霍去病的童年和少年时代其实是在卑微和艰苦中度过的，他的母亲卫少儿是汉武帝姐姐平阳公主家里的奴婢，在与平阳县衙吏霍仲孺私通后，生下了霍去病，他就这样以一个私生子的身份来到世界上，汉朝称为"奴产子"。

何如霍去病
[南朝梁]　　曹景宗
去时儿女悲，归来笳鼓竞。
借问行路人，何如霍去病。

南北朝时期，北方鲜卑族侵犯南朝，梁武帝见情势危急，派大将曹景宗率军反击，大获全胜，在大军凯旋归朝的当天，梁武帝特意为他在光华殿设宴庆功。这首诗为曹景宗按照宴会所分派"敬"韵（"竞""病"）即兴而作的诗。

霍去病虽然从小生活在奴婢群中，生活条件十分艰苦，但他勤奋好学，小小年纪就精通了骑马、射箭、击刺等各种武艺，这就给他的个人素质打下了良好基础。这时，西汉王朝与匈奴的斗争已达到白热化程度。匈奴屡次入侵，汉武帝一改以前的和亲政策，开始了对匈奴的反击战争。元朔元年（公元前128年）这一年对于卫氏家族来说是一个重要的年份，先是霍去病的姨妈卫子夫生下皇子刘据，被封为皇后，然后是秋天霍去病的舅舅卫青奉命率骑兵三万人从雁门出击，击败匈奴，然后在第二年卫青率领所部从云中出击，又经云中郡至朔方郡（今内蒙河套以南伊克昭盟等地）之高阙向西扫荡追击，直至陇西郡（今甘肃西南部）。这次漠南之役，卫青所部汉军纵横数千里，击败匈奴，赶跑白羊、楼烦两王，遂以河南地为朔方郡，夺取了匈奴入侵中原的前哨鄂尔多斯草原。战后，封卫青为长平侯，食邑三千八百户。此时的卫家已经是时来运转，今非昔比了。

由家奴变驸马的卫青

卫青，河东平阳（今山西临汾西南）人，字仲卿，本姓郑。父郑季以县吏给事平阳公主家，与其家婢女卫媪私通而生青，遂冒姓卫。少时为平阳公主家骑从，后其异父同母姊卫子夫受到武帝宠幸，得召见，历官建章监、侍中、太中大夫。元光六年（公元前129年），拜车骑将军北击匈奴有功，赐爵关内侯。元朔二年（公元前127年），出兵云中，迂回至陇西，驱逐匈奴白羊王、楼烦王，收复河南地，筑朔方城，置朔方郡，以功封长平侯，食邑三千八百户。五年，又率军出朔方击溃匈奴右贤王，俘获人口一万五千余，牲畜近百万，遂拜大将军，益封八千七百户，三子同时封侯。元狩四年（公元前119年），卫青与霍去病各率骑马五万，步兵及辎重运输部队几十万人，分别从定襄、代郡出塞，深入包抄歼敌。卫青自定襄出塞后与伊樨斜单于相遇，单于败走，追过漠北二百余里，至赵信城，尽烧其存粮而还。其后武帝拜卫青为大将军，娶平阳公主。

这时的霍去病已经十八岁了，卫青的巨大成功无疑对他是一种榜样，他立下远大的志向，驰马北疆，驱除国仇。加上他的相貌奇伟、性格坚毅，所以汉武帝很赏识他，派他做了保卫皇帝安全的侍中官。他作为皇后和大将军的侄子，应该是除了皇族子弟以外最受宠信的高干子弟了，出入宫禁，深受信任。

霍去病却不愿意厕身于纨绔子弟之列，所以他向汉武帝请战，汉武帝出于对青年人的喜爱，答应了他的请求，在元朔六年出击匈奴的时候，霍去病登上历史舞台，一段振奋人心的英雄传奇就此展开。

元朔六年（公元前123年）大将军卫青从定襄出击匈奴，接受武帝诏令，任二十岁的霍去病为骠姚校尉，以所部壮士为其部属。作为大将军的外甥和汉武帝的爱将，霍去病受到了很好的照顾，他本身就是羽林出身，羽林本身就是汉朝的精锐部队，汉武帝时选陇西、天水、安定、北地、上郡、西河等六郡良家子宿卫建章宫，称建章营骑。后改名羽林骑，取其"如羽之疾，如林之多"之义，属光禄勋，为皇帝护卫，长官有羽林中郎将及羽林郎。上面说的六郡都是在边地，其民风彪悍，善于骑射，同时又都是良家子弟，就是说的又红又专的好青年，霍去病的八百骠骑应该就有这些精锐。

这一年共有两次出征匈奴的，一次是在春天，以合骑侯公孙敖为中将军，太仆公孙贺为左将军，翕侯赵信为前将军，卫尉苏建为右将军，郎中令李广为后将军，左内史李沮为强弩将军，斩首超过千人。第二次是在秋天，卫青率六将军从定襄出击，斩首万余人。但苏建、赵信率所部三千余骑逢匈奴单于所部大军，接战一日，汉军寡不敌众，死伤殆尽，赵信降匈奴。但是正是老将们的失败，突显了一颗年轻将星的夺目之姿。

在这次战役中，霍去病带领他的八百骠骑勇士径直抛开大军几百里，寻找有利的机会攻杀敌人。莽莽草原，人迹全无，他们不知不觉地走了好几百里，将近黄昏，忽然发现前方远处有一片黑点。霍去病判断应是匈奴的营帐，当即命部下衔枚而行，以迅雷不及掩耳之势杀了过去。匈奴兵根本没想到汉军会这么远地杀来，顿时一片混乱。霍去病身先士卒，首先闯入匈奴营帐，八百骁骑个个勇猛无比，把匈奴兵杀得四散逃窜。这里是匈奴的腹地，他杀死了匈奴相国和当户，杀死了单于祖父一辈的元老籍若侯产，活捉单于叔父罗姑比，斩首二千余人，这样的功劳在大军失利的衬托下更加耀眼，汉武帝也是出于对这个外甥的欣赏，封霍去病为冠军侯。

衔枚疾行

据考证，"衔枚"一词颇为古老，早在《周礼·夏官·大司马》中，就有"徒衔枚而进"的句子。《辞海》解释为："枚，形如箸，两端有带，可系于颈上，古代进军袭击敌人时常令士兵衔在口中，以防喧哗，暴露行迹。"衔枚疾行，就是无声无息地快速前进。历史上，靠"衔枚疾行"打败敌人夺取胜利的故事数不胜数。

此一战霍去病横空出世，一位出生农耕地区的少年骑士竟然在战场上以骑克骑，战胜称雄大漠的匈奴铁骑，非常令人惊叹。

河西战役

河西地区即今天的河西走廊，在黄河以西，祁连山、合黎山之间，地势低平，是汉朝通向西方的黄金通道。原来这里由月氏人居住，后来被匈奴侵占，成了匈奴浑邪王、休屠王的领地。汉武帝想与大月氏及西域各国取得联系，以便共同对付匈奴，于是发动了河西战役。

汉武帝　刘彻

汉武帝刘彻（前157年—前87年），幼名刘彘，是汉朝的第五代皇帝。汉武帝是汉景帝刘启的第十个儿子、汉文帝刘恒的孙子、汉高祖刘邦的曾孙，其母是皇后王娡。七岁时被册立为太子，十六岁登基，在位五十四年，建立了汉族皇朝最辉煌的功业。他的雄才大略、文治武功使汉朝成为当时世界上最强大的国家之一。

元狩二年（公元前121年）春天，就是霍去病初露锋芒的两年后，汉武帝又一次开始了对匈奴的进攻。这次出塞前，汉武帝封霍去病为骠骑将军，品秩与大将军相等。其实在上次作战中霍去病的骑兵损失也不小，但是由于那次作战没有取得决定性的效果，加上本来投降汉朝已久的匈奴人赵信又跑回匈奴去了，汉武帝为了鼓舞士气，需要给匈奴一次决定性的打击，同时也可以检验一下霍去病的大兵团作战能力，所以给了霍去病一万骑兵，出陇西，从处于守势的西北出发，面对次一级的右贤王部队，除了出其不意以外，也希望霍去病在这里锻炼自己的军事才能。这次出塞作战，霍去病发挥了骑兵的高机动性，转战六天，越过焉支山一千余里，经过五个匈奴的部落，与敌人短兵相接，杀死了折兰王和卢胡王，抓获了浑邪王的儿子及匈奴相国、都尉，歼敌八千余人，缴获了休屠王的祭天金人（西域佛像），是为河西第一战役。

张骞西域问佛名

《魏书》卷一一四《释老志》中记述：汉武帝元狩年间（前122年至前117年），派遣大将军霍去病讨伐匈奴。霍去病率军把匈奴从皋兰追击到居延海，斩杀了匈奴单于王之首。匈奴部属首领发生内讧。昆邪王杀了休屠王，率领他的部属五万余人，投降汉朝。霍去病从战利品中获得匈奴的两尊金像。霍去病班师回朝后，把这两尊金像奉献给汉武帝。汉武帝以为是大神，就把这两尊身高一丈有余的金像陈设到甘泉宫里。汉武帝并不大祀，但常率领群臣烧香礼拜。据说这就是佛道东传的开始。

到了开通西域时，汉武帝派遣张骞出使西域，赴大夏国去问金像名号。张骞从西域归还后，对汉武帝说："在大夏国的旁边，有一个身毒国，也叫天竺，那里有浮图像（佛陀）。"从此中国始闻有浮图（佛陀）之教。

当年夏天，汉武帝决定乘势全部扫除匈奴在河西地区的势力，打通进入西域之路，于是发动了第二次河西战役。这次战役，以霍去病、公孙敖率领的几万骑兵为主力，从北地郡（在今甘肃环县）出发，另派李广、张骞率一万多人从右北平出发，攻击匈奴左贤王，策应西征的主力军。霍去病与公孙敖出塞后，分兵前进，公孙敖由于中途迷失方向，而未能参加战斗。霍去病与公孙敖联系不上，只好孤军深入，越过居延海（今内蒙古额济纳旗北），穿过小月氏部落，抵达祁连山。匈奴被他神妙莫测的战术搞得晕头转向，祁连山麓一战，被打得大败。这次战役，总计接受匈奴单桓王、酋涂王及相国、都尉等2500人投降，俘虏了王母、单于阏氏（皇后）、王子。相国、将军、当户、都尉等120多人，歼灭匈奴兵30 200人。汉武帝加封霍去病食邑5400户。从此，霍去病的声望日益显赫，地位日益尊贵，几乎与舅舅卫青相当了。

如果无法对敌人报复，就只好拿自己人泄愤。匈奴伊稚斜单于对于西方的浑邪王、休屠王的屡次战败，损失几万人而大怒，派使者征召他们，准备治罪。浑邪王、休屠王，右贤王集团，在匈奴的制度中，是以左为尊，左贤王一般都是太子兼任，左贤王集团也要比右贤王集团兵力精锐，对于右贤王的关照本来就没有左贤王集团多，再加上由于这一年中他们屡次被骠骑将军击败，所以就被单于盯上了，估计是要作为一个典型案例来振作军心，可能要他们的命。消息被浑邪王和休屠王知道了，于是他们就想投降汉朝以求保护。汉武帝听过汇报后，怕浑邪王和休屠王诈降，于是就命令霍去病领兵前去迎接浑邪王和休屠王，告诉他受降如临敌，见机行事。

但霍去病还没有到达河西,情况就发生了变化。休屠王听信部下的谗言,不想投降了。浑邪王骑虎难下,痛恨休屠王的背信弃义,于是一不做二不休,他率兵冲入休屠王的营帐,杀死了休屠王,收编了休屠王的部队,然后列队迎接汉军的到来。霍去病渡过黄河,与浑邪王遥遥相望。浑邪王的部下很多,本来意志就不坚定,现在看到汉军阵容严整,心存疑惧,开始哗变。霍去病望见浑邪王阵营人群骚动,当机立断,亲率几名精骑飞马驰入浑邪王营帐,与浑邪王谈判,下令将私自逃跑的匈奴将士八千人全部杀死。这样才把匈奴军队震慑住了。然后,霍去病派轻车快马先把浑邪王送往长安拜见汉武帝,接着,他把四万多匈奴降兵编队列阵,带回关内。从上述事件中,霍去病的胆识和老练可见一斑。

两次河西战役之后,汉朝完全控制了河西地区,这对匈奴是一个很大的打击。匈奴人非常惋惜,他们悲伤地唱道:"亡我祁连山,使我六畜不蕃息;失我焉支山,使我妇女无颜色。"从此,河西走廊成为汉朝的领土,不久汉朝在河西地区设立了武威、张掖、酒泉、敦煌四郡,汉与西域之间的交通,从此畅通无阻。不仅如此,在这次河西战役之后,汉朝在西北方向的压力大减,减少了陇西、北地、上郡戍守之兵的一半,由此汉朝摆脱了两线作战的麻烦,可以专一对付东北的匈奴左贤王部和单于本部。

在河西战役期间,还有一个关于霍去病的传说流传了下来,霍去病河西前线立下大功,汉武帝特地从京城送来两坛美酒去慰问他。霍去病对使臣说:谢谢皇上的奖赏,但重创匈奴不是我一人的功劳,功劳归于全体将士。命令将御赐美酒抬出犒劳部下。但酒少人多,怎么办?霍去病吩咐手下,将两坛美酒倒入营帐所在的山泉中,整个山谷顿时酒香弥漫,全体将士纷纷畅饮掺酒的山泉,欢声雷动。这就是"酒泉"的来历。

抚今追昔月牙泉

古人有诗赞曰:"一弯如月弦初上,半壁清波镜比明,风卷飞沙终不到,渊含止水正相生。"古往今来,月牙泉的美震撼了无数的游人。可如今她的水位日渐下降,她的美丽日渐消退,沙不填泉,泉不枯竭,沙泉共存的美景不知还能保留多久。月牙泉越来越受到人们关注,是因为它正在萎缩,有人说,月牙泉三十年后能否还存在?有人说,月牙泉考验着人类！因为月牙泉在 20 世纪 70 年代占地 22 亩，水最深处达 9 米。由于地表水减少、地下水下降，月牙泉如今水面仅有 8 亩，水深不足 3 米。当地政府虽然采取多种措施进行补救，但效果不大。

封狼居胥

匈奴的军事力量大大削弱，不得不退到遥远的大漠以北地区，但仍未放弃对汉朝边境的掠夺。公元前 120 年秋，匈奴骑兵万余人又突入定襄、右北平地区，杀掠汉朝边民一千多人。汉武帝决定远征漠北，彻底消灭匈奴军队。霍去病只休息了一年多，又一场战役在等待着他，也是他的最后一战和人生的巅峰——漠北战役。

汉武帝原来的计划是由霍去病专力对付匈奴单于，所以给他配备的全是经过挑选的精兵强将，但是这次由于一系列的阴错阳差，卫青面对的是单于主力，而霍去病面对的是左贤王集团。上面说过，一般匈奴的太子自兼左贤王，所以左贤王集团也是匈奴的精锐。但这并不妨碍霍去病立下不世之功，他充分发挥骑兵的机动力，越过大沙漠，渡河捕获单于近臣章渠，诛杀匈奴小王比车耆转而攻击匈奴左大将，斩杀敌将，夺取其军旗和战鼓。翻越离侯山，渡过弓闾河，捕获匈奴屯头王和韩王等三人，以及将军、相国、当户、都尉等八十三人。匈奴左贤王部几乎全军覆灭。为庆祝这次战役的胜利，霍去病在狼居胥山积土增山，举行祭天封礼，又在姑衍山（狼居胥山附近）举行祭地禅礼，并登临瀚海，刻石记功，然后凯旋还朝，史称封狼居胥。千百年后我们读到这些史实，还是会有一种荡气回肠的感觉。

此次转战两千余里，彻底打垮了左贤王集团，既打败右贤王集团后，再次击垮匈奴的另一个战略集团，霍去病这次胜利和卫青打败匈奴单于的主力，至此，匈奴的三大战略集团都被打垮，没有能力再和汉朝进行大规模的作战，向北向西迁到更偏远的地方去了，漠南从此无王庭。

霍去病因功加封食邑 5800 户，并与大将军卫青一起被拜为大司马。霍去病一生曾四次领兵出塞攻打匈奴，共歼敌十一万多人。他平时少言寡语，战场上却勇猛无比。他是一位军事天才，汉武帝常常劝他学习孙

第三章 帝国脊梁
——太原霍氏

吴兵法，他却说："为将须随时运谋，何必定拘古法呢？"他是凭借战场上的直觉指挥战斗的，随机应变，闪电式行动，使他百战百胜，成为名扬后世的一代名将。

霍去病屡立战功，获得了高官厚禄，但他把个人的享受搁在一边，一心以国家利益为重。河西战役胜利后，汉武帝为了奖励他的卓越战功，特意命人在长安为他建造了一座豪华住宅，叫他去看看是否满意。霍去病谢绝了汉武帝的好意，气概豪壮地说："匈奴未灭，何以家为！"这句话成为传诵千古的名言。

但是霍去病作为一个人也有性格缺点，因为少年显贵，平步青云，没有统帅下级兵士的经历，因而缺乏对士卒的关心。他率军出征时，汉武帝派负责朝廷膳食的太官给他送去数十车酒肉，等到班师时，车上仍装有吃剩下的酒食，但士兵们许多却饿着肚子。在塞外时，士兵常常因缺粮而士气不振，可他却修建球室踢球。

另一件事件也可以看到他的傲岸，或者说冷酷，使他的光辉一生有了一块阴影，那就是射杀老战友李敢。

李敢是李广的三儿子，在漠北战役中是霍去病的大校，实际上就是副将，这说明霍去病还是很信任李敢的，因为这样的人事安排表明如果霍去病战死就将由李敢指挥部队。两人都是富家子弟，又都是将门之后，关系应该不错。但是冲突发生了，公元前119年那次出征时，飞将军李广跟随卫青，因为公孙敖刚刚失去了爵位，卫青想让他同自己一起正面与单于作战立功，所以调整了战斗序列。被调到东路的李广与赵食其在沙漠中迷失了道路，没有参加战斗，卫青派人责问二人迷路的原因，并让他们到大将军处听候传讯，李广说："我的部下无罪，迷路的责任在我。"他又对部下说："我与匈奴大小作战七十余次，好容易有机会跟着大将军直接与单于作战，但大将军把我调到了东路，本来路途就远，又迷了路，天意如此呀。况且我已经六十多岁了，实在不能再去面对那些刀笔小吏。"说完就自刎了。李敢当时正在霍去病军中，因父亲的死而怨恨卫青，于是动手打伤了卫青，卫青没有追究此事，并隐瞒了起来。但霍去病年轻气盛，对此事耿耿于怀，两年后，在甘泉宫陪汉武帝狩猎时，用箭将李敢射死。事后，汉武帝隐瞒了真相，说李敢是被鹿撞死的。

公元前117年，霍去病因病去世，年仅24岁。对于这位青年名将的过早离去，人们都感到无比的悲痛和惋惜。汉武帝特地命人在自己的茂陵旁边为霍去病修建了一座形状像祁连山的坟墓，并发动陇西、北地等五郡的匈奴人民，身穿黑甲，把霍去病的灵柩从长安护送到墓地安葬。他的舅舅卫青也在十年后去世，卫青和霍去病的墓都在汉武帝的茂陵旁边，霍去病的墓很像祁连山，而卫青的墓很像匈奴境内的卢山，两座如山的陵墓一起牢固地镇守着汉室江山。

马踏匈奴

霍去病墓前的石刻，充分利用石材原貌，凿痕简略而古朴，表现出"闳放""雄大"的风格。"马踏匈奴"为霍去病墓石刻群的主像，高168厘米，长190厘米，宽48厘米。石马与真马大小相近，昂首站立，肌肉丰满，尾长拖地。马腹下仰卧一老朽。头对马嘴，两颊有胡须，面目狰狞，两足上曲，手持利器，妄图作垂死挣扎。作者运用了富有象征色彩的圆雕艺术手法，高度概括了霍去病生前抗击匈奴的战功。当人们站在仿像祁连山的墓冢前，面对"马踏匈奴"这样的石雕杰作，自然会被凝聚在这厚土坚石中的那种精神所深深感动。

◎ 霍光：天狗犯日？

武帝托孤

霍光是霍去病的同父异母之弟。其父霍仲孺先在平阳侯曹襄府中为吏，与平阳侯的侍女卫少儿私通生霍去病，后归家娶妻生霍光。至霍去病在京城任将后，方知他的生身之父为霍仲孺。汉武帝元朔四年（公元前119年），二十一岁的霍去病以骠骑将军之职率兵出击匈奴，路过河东，方与其父相认，并为其购买了大片田地房产及奴婢。当时，霍光仅十多岁。霍去病得胜还京时，遂将霍光带至京都长安，将其安置于自己帐下，任郎官，后升为诸曹侍中，参谋军事。两年后，霍去病去世，霍光做了汉武帝的奉车都尉，享受光禄大夫待遇，负责保卫汉武帝的安全，所谓"出则奉车，入侍左右"。他跟随汉武帝近三十年，谨慎小心，受到汉武帝的极大信任，是武帝时期的重要谋臣。汉武帝死后，他受命为汉昭帝的辅政大臣，执掌汉室最高权力近二十年，为汉室的安定和中兴建立了功勋，成为西汉历史发展中的重要政治人物。

茂陵位于西安市西北40公里的兴平县城东北南位乡茂陵村。茂陵建筑宏伟，墓内殉葬品极为豪华丰厚，相传武帝的金镂玉衣、玉箱、玉杖等一并埋在墓中。茂陵封土为覆斗形，现存残高46.5米，墓冢底部基边长240米，陵园呈方形，边长约420米。至今东、西、北三面的土阙犹存，陵周陪葬墓尚有李夫人、卫青、霍去病、霍光、金日䃅等人的墓葬。它是汉代帝王陵墓中规模最大、修造时间最长、陪葬品最丰富的一座，被称为"中国的金字塔"。

汉武帝晚年，围绕帝位的明争暗斗已经白热化了。公元前91年，武帝的太子刘据因巫蛊之事（刘据即卫皇后之子，大臣江充诬陷他用巫术诅咒武帝，太子被迫起兵）被逼自杀。被谥为"戾太子"武帝为避免死后政局变乱，平息儿子们的明争暗斗，将幼子刘弗陵立为太子，随即将其母钩弋夫人处死，以绝母后专权之患。随后赐予霍光一幅周公背负周成王的画，暗示霍光应像当年周公辅佐年幼的周成王一样忠心辅佐刘弗陵。公元前87年春，汉武帝病死，霍光正式接受汉武帝遗诏，成为汉昭帝刘弗陵的顾命大臣，与车骑将军金日（䃅）、左将军上官桀、御史大夫桑弘羊等人共同辅佐朝政。从此，霍光掌握了汉王朝的最高权力。

金日䃅与金姓

金日䃅本是匈奴休屠王之子，汉武帝初年归顺汉室。其侍帝数年，从未发生过失，深受武帝重视，从一个管马的小官升至车骑将军。武帝临死前，嘱其与霍光、桑弘羊等一起受遗诏辅政，成为功在汉室的辅国大臣。因其曾为武帝铸金人像祭天，遂被赐以金姓，后人有沿用此姓者，且以日䃅声望极高和始受姓氏之由而被尊为得姓始祖。

汉昭帝刘弗陵的继位，不等于帝位之争的结束。由于他的年幼，反而引起了更加激烈的权力之争。霍光首先遇到的就是一场激烈而血腥的宫廷斗争。左将军上官桀想把他六岁的孙女，嫁给汉昭帝做皇后，霍光没有同意。后来，上官桀靠汉昭帝的姐姐盖长公主的帮助，让孙女当上了皇后。上官桀和他的儿子上官安想封盖长公主的一个身边人做侯，霍光无论如何不同意。于是，上官桀父子、盖长公主就把霍光看作眼中钉，他们勾结燕王刘旦，想方设法要陷害霍光，燕王刘旦则由于年岁长于昭帝却不得嗣立而心怀不满；而另一位辅政大臣、御史大夫桑弘羊自认为在汉武帝时期制定过盐铁专营的政策使得国家富强起来，功劳莫与之比，也不甘居于霍光之下，遂产生了推翻现政权、由他与上官桀来主政的欲望。这就形成了以长公主和燕王刘旦为首的两股反对势力。按照上官桀更为阴险的计划，要先利用燕王刘旦，发动政变，在政变成功之后，再除去燕王，由他来掌握朝政。这个暂时联合起来的政治集团，自然要把矛头首先指向他们夺取政权的最大障碍——霍光。

前80年，汉昭帝十四岁，燕王刘旦将夺取帝位的赌注押在了上官桀身上，前后派遣十多人带了大批金银珠宝，贿赂盖长公主、上官桀、桑弘羊等人，以求支持他夺取帝位。他们袭用"清君侧"的故伎，上书昭帝。上书的大意说：霍光检阅羽林军的时候，不仅坐的车马跟皇上坐的一样，还自作主张调用校尉，准备检阅京都兵备，京都附近道路已经戒严；其二，霍光将被匈奴扣留十九年的苏武召还京都，任为典属国，意欲借取匈奴兵力。这里面的阴谋昭然若揭，臣燕王刘旦愿意离开自己的封地，入朝宿卫，免得奸臣作乱，威胁皇上您的生命安全。

上官桀意图将这封奏章送到昭帝手中后，再由他按照奏章内容来宣布霍光的"罪状"，再由桑弘羊组织朝臣共同胁迫霍光退位，进而废掉汉昭帝。

典属国

典属国官名，掌少数民族之事务。秦始置，作为统治边疆地区的政权机构，西汉沿之。汉武帝时，增置"属国都尉、丞、候千人"，所属有"九译令"。

他们没有想到,汉昭帝接到那份奏章,看了又看,就把它搁在一边,不予理睬。次日早朝,霍光要进宫朝见,听到燕王刘旦上书告发他的消息,吓得不敢进宫,就站在张贴那张汉武帝时所绘"周公负成王图"的画室之中,不去朝见昭帝,以此要求昭帝表明态度。汉昭帝见朝廷中没有霍光,就向朝臣打听。上官桀乘机回答说:"因为燕王告发他的罪状,他不敢来上朝了。"昭帝十分平静,随即吩咐内侍召霍光入朝,霍光一进去,就脱下帽子,伏在地上请罪。昭帝果断地说:"大将军尽管戴好帽子,我知道有人存心陷害你。那封书信是在造谣诽谤,你是没有罪的。"霍光磕了个头说:"陛下是怎么知道的?"昭帝说:"这不是很清楚吗?大将军检阅羽林军是在长安附近,调用校尉还是最近的事,一共不到十天。燕王远在北方,怎么能知道这些事?就算知道了,马上写奏章送来,还来不及赶到这儿。再说,大将军如果真的要叛乱,难道只靠一个校尉。这明明是有人想陷害大将军,燕王的奏章是假造的。"上官桀等人的阴谋被十四岁的昭帝一语揭穿,所有在朝大臣对昭帝如此聪明善断无不表示惊叹,霍光的辅政地位也得到了稳固,打这时起,汉昭帝就怀疑起上官桀这一伙人来。

汉昭帝

汉昭帝,汉武帝少子,名弗陵。幼年即位,初由霍光、桑弘羊等共辅国政,继续实行武帝时期政策,曾多次击败匈奴、乌桓等,加强了北方戍防。始元六年(公元前81年),召开"盐铁会议",因武帝时期官营盐酒铁及对匈奴长期作战的政策遭到"贤良、文学"的批评,会后罢除榷酒(酒类专卖),不久与匈奴和亲。元凤元年(公元前80年)以谋反罪诛桑弘羊、上官桀等,专任霍光,进一步更改武帝时制度。罢不急之官,减轻赋税,与民休息。元平元年(公元前74年)病死,年仅二十一岁。

上官桀等并不就此罢休,他们偷偷地商量好,由盖长公主出面,请霍光喝酒。他们布置好埋伏,准备在霍光赴宴的时候刺死他,又派人通知燕王刘旦,叫他到京都来继承皇位。就在这危急关头,长公主门下一名管理稻田租税的官员将上官桀等人的阴谋向大司农杨敞告发,杨敞转告了谏议大夫杜延年,于是霍光掌握了上官桀等人的计划,连忙报告汉昭帝。汉昭帝命令丞相田千秋火速发兵,将上官桀等主谋政变的大臣统统逮捕,族灭其家。长公主、燕王刘旦自知不得赦免,遂先后自杀身亡。这场由上官桀发动的政变最后被粉碎了。

盐铁会议

公元前86年,霍光就派遣当时的廷尉王平等五人出行郡国,察举贤良,访问民间疾苦、冤难以及失去职业的人,为召开盐铁会议做准备。众所周知,汉武帝的盐铁官营、酒榷均输等经济政策,是在反击匈奴、财政空虚的情况下实行的。它的实行,使朝廷广开了财源,增加了赋税的收入,得以有了比较雄厚的物力基础来支持长期的战争,从而不断拓宽疆土、安定边疆。在当时的情况下,这一经济政策的实施无疑是正确的。但是,官营盐铁、酒榷、均输等政策的实行,逐步使一部分财富集中于大官僚、大地主及大商人手中,而剥夺了中小地主的利益,出现了官吏"行奸卖平",而"农民重苦,女红再税"的状况,以及"豪吏富商积货储物以待其急,轻贾奸吏收贱以取贵"的局面,使得中小地主和一般百姓日趋贫困。因此,昭帝即位之初,霍光就围绕是否改变盐铁官营、酒榷、均输等经济政策,与桑弘羊等人展开了斗争。

中国古代的盐铁官营

中国古代盐、铁不仅是稀缺资源同时也是很重要的战略资源。控制了盐铁不仅可以获得巨额垄断利润获取很高的国家财政税收而且也能起到稳定局势的作用。

公元前81年,霍光将郡国所举的贤良、文学等人接入京城,由丞相田千秋、御史大夫桑弘羊主持,正式开始了盐铁会议。霍光虽然没有亲临会场,参与辩论,但他改变盐铁官营、酒榷、均输等经济政策的意图是很明确的。会议围绕坚持还是罢废盐铁官营、均输问题展开的辩论,涉及各个方面,包括对待匈奴、国内的治理等重大问题,实际上是对汉武帝时期政治、经济的总结,也是昭帝实施新的政策前的一次大讨论。因为盐铁官营、酒榷、均输等政策实施的后期,直接损害了中下层人民的利益,因而贤良、文学大声疾呼,要求改变这一政策;而代表当时大地主、大商人利益的御史大夫桑弘羊,以这一政策给汉朝带来了强盛为理由,坚决反对改变这一政策。经过这场讨论,汉昭帝下令,于是年七月废除了盐铁官营、均输等政策。这就从根本上抑制了大地主、大商人的利益,在一定程度上缓和了社会矛盾,从而使汉朝的经济走上了恢复发展的道路。"武帝之末,海内虚耗,户口减半,霍光知时务之要,轻徭薄赋,与民休息。至是匈奴和亲,百姓充实,稍复文、景之业焉。"这是班固在《汉书》中对当时情况的评价,由此也可证明罢废盐铁官营的必要性。

废立汉帝

汉昭帝仅二十一岁就得病死去,没有子嗣。他死后,由谁来继承帝位,这是霍光等公卿大臣面临的重要问题。当时,汉武帝的儿子,还有封于广陵为王的刘胥,但他行事不检点,有失皇家道统,汉武帝生前就很不喜欢他。霍光听从些人的意见,把昌邑王刘贺立为皇帝。

谁知刘贺也是个浪荡公子,他从昌邑(今山东巨野)带来了二百多个亲信,天天跟他们一起吃喝玩乐,刚刚即位就做了诸多不该做的事,把长安闹得乌烟瘴气。看到这种情况,霍光等众大臣都感到事态严重,如果不及早处置,汉家天下将会断送到刘贺的手里。于是在刘贺即位的第二十七天,霍光将所有在朝大臣、列侯、博士等召集到未央宫,举行会议,当众宣布要废掉刘贺、另选贤明。与会大臣一听这个消息,因为废立之事关系重大,谁也不敢发言。田延年看到这种情况,立刻站起来发言,假意斥责霍光,说汉武帝把汉家天下寄托给霍光,就因为霍光忠诚于汉室,能使汉朝长治久安。现在如果继续维持刘贺的帝位,那汉家天下就会断送,你霍光将来死了,又有何面目去见汉武帝呢!他手握剑柄,严词厉色,声称如有人敢反对废除刘贺就将其就地斩杀。与会者见此情景,都同意由霍光主持,废除刘贺,另选贤明之主。于是,霍光联合杜延年、杨敞等人,十分慎重地写了一封奏章,列举了刘贺的种种劣迹,上奏当时主持汉室的十五岁的上官太后,并将刘贺召至未央宫承明殿，宣读了这封奏章，即日将刘贺废掉，并将其所属官吏统统收捕，随后又将刘贺发送回昌邑。而后，将长期生活于民间的汉武帝与卫皇后的曾孙、戾太子之孙，十八岁的刘询立为皇帝，即为汉宣帝。

汉宣帝刘询

刘询汉武帝的曾孙，继刘贺后即位。汉武帝晚年，太子刘据与其二子，都因巫蛊之祸而死，当时刘询出世仅数月，厉流落民间。由于这段特殊经历，刘询深知民间疾苦和吏治得失，故亲政后励精图治、任用贤能。他对吏治特别重视，他认为："百姓能安居乐业，没有叹息仇恨之心，在于政事清正，能做到这一点的，唯有好的二千石郡守。"故，他在经济上采取招抚游民的措施，恢复和发展农业生产。在政治上尊崇儒学，儒、法并用。

宣帝在位时进一步加强了汉朝对西域的影响，公元前60年，匈奴归汉，结束了自汉高祖白田之围以来，与匈奴长达一百五十年的争战状态，从而转入了和平时期。史称汉宣帝"政教明，法令行，边境安，四夷清，单于款塞，天下殷富，百姓康乐，其治过于太宗（汉文帝）之时。"（《风俗演义·正失·孝文帝》）。

戾太子

汉武帝时的"巫蛊之祸"，是指太子刘据遭人陷害，被迫起兵反抗，兵败后自杀，其两个儿子也死了，只有刚出生的孙子幸存下来。后来武帝知道太子是冤枉的，替他平反。这个"戾"字是罪恶或有罪的意思，戾太子的"戾"字的谥号不是汉武帝给的，是刘据的孙子汉宣帝时大臣们议定的谥号，谥号是根据人物的生平定的，刘据虽是冤枉的，但毕竟起兵了，造成长安城内死数万人的结局，因此汉宣帝也不能改变"戾"的谥号。

公元前68年，霍光去世。大臣魏相上了秘密奏章，指陈霍氏一门的骄奢放纵。霍光去世后，这种情况变本加厉，甚至密谋发动政变，最终在公元前65年被灭族。《汉书·霍光传》更云："匡国家，安社稷，拥昭立宣，光为师保，虽周公、阿衡，何以加此！"赫然以霍光与伊尹、周公并列，其功业彰显，可谓无以复加了。但世人也都承认，霍光毕竟不能像周公那样，成为尽善尽美的圣人。周公后人的鲁国，是天下共仰的礼乐之邦，厌儒的汉高祖都不忍以兵戈下之；霍家却骄横跋扈，不可一世。汉代外戚招摇者多，如霍、王、窦、梁等俱是。但汉代自开国而至霍氏，仅吕氏有喧宾夺主的声势，文、景、武三朝并无外戚越俎代庖之事，魏齐、武安之流不过多蒙圣宠而已。吕氏多有战功，霍氏则徒以霍光一人而煊赫。霍光为汉代的此类畸形政治开了风气。

若仅是骄奢，也还罢了，因为骄奢是权贵的通病，再说霍氏骄奢，多不是霍光本人的问题。霍光最大的问题还是治家不善，这足以抵消其一世英名。

新即位的汉宣帝在民间时，娶了小吏的女儿许平君。即位后，大臣们都建议立霍光的小女霍成君为皇后，宣帝下诏寻找微贱时遗失的一柄宝剑，大臣们懂得了皇上的心意，便奏请宣帝立许平君为皇后。霍光之妻名显，她一直想让她的女儿成为皇后，便买通御医，在宣帝即位三年之后毒死了已经怀孕的"故剑"许皇后，然后又由霍光送女入宫，立为皇后。霍光隐匿不报。

汉宣帝皇后霍成君

霍成君（前186－前153），借助父亲霍光的权势，名正言顺地取代了许皇后，而且耀武扬威。遗憾的是霍皇后始终未获得宣帝的宠幸，最后被皇帝一纸诏书成为了废后。昔日的荣华富贵已不属于她，陪伴她的只有抑郁与仇恨。无奈之下，霍氏自己结束了生命。

殷尧藩《汉宫词三首》之二：

霍家有女字成君

年少教人著绣裙

枉杀宫中许皇后

椒房恩泽是浮云

霍光在从武帝到宣帝的过渡时期，确有历史功勋；但其挟私匿奸，故不能及伊、周的伟大。同历史上任何有作为的政治家一样，霍光也受到时代和历史的局限，摆脱不了光宗耀祖思想的束缚，也摆脱不了身为将相，子弟封侯的腐朽传统。在他在位时，他的宗族、子弟都已是高官显贵，霍氏势力亦已"党亲连体，根据于朝廷"，而他的宗族又多不奉公守法，为霍氏家族留下了祸根。而汉昭帝可悲的一生也一直被人忽视，包括他的死，其实只得怀疑；身材魁伟、不近女色、智者乐、仁者寿，这些都不该是夭折的理由。当初机关算尽的汉武帝生恐再次出现吕后现象，逼昭帝的母亲钩弋夫人自杀，却不想大权旁落其实防不胜防，恰只是为痛苦的昭帝另添了一项痛苦而已。

历史上的霍姓名人

同历史上任何有作为的家族一样，霍氏也受到时代和历史的局限，摆脱不了功高震主的宿命，也摆脱不了以权谋私、子弟封侯的腐朽传统。大权在握时，霍氏的宗族子弟都已是高官显贵，霍氏势力亦已"党亲连体，根据于朝廷"，而他的宗族又多不奉公守法，为霍氏家族留下了祸根。汉宣帝族灭霍氏时，不再顾惜这个曾经为汉帝国立下巨大功勋的家族。霍氏地望在太原郡，今山西太原。除西汉骠骑大将军霍去病、名臣霍光外，宋代礼部侍郎霍端友，明代礼部尚书霍韬等是历史上的霍姓名人，近代的霍元甲尤为著名。

第四章　心高命奇——陇西李氏

《元和姓纂》和《通志·氏族略》都有记载表明李姓是以官为氏的。《元和姓纂》中记载，说李姓本来是颛顼帝高阳氏的后裔，颛顼生大业，大业生女华，女华之子皋陶为尧帝的理官，后命族人以官名为姓，姓"理"。皋陶之后裔理征因直谏而得罪了纣王被杀，其妻契和氏带着儿子理贞外出逃难时，饥饿难忍，全靠食木子得以保全性命。因古音中，李、理互通，遂改姓为"李"，以报答李子的救命之恩。

陇西李氏是有名的军人世家，生于边塞，长于边塞，善骑射，又得到当地人的拥护。非凡的勇敢、决断和应变能力、忠信正直的磊落襟怀，以及有别于传统的治军方法，使他们成为敌军闻之丧胆的一代名将，而更为著名的是李氏三代人遭遇的悲剧命运。

代表人物：李广　李陵
对政局影响：三代镇守边疆 为匈奴克星。
溯本追源：其先秦将李信，曾追斩燕太子丹，率军二十万攻打楚国。
家族兴衰：李广自杀，李敢被霍去病射死，李陵投降匈奴。

第四章 心高命奇
——陇西李氏

◎ 李广：命奇究竟奇在何处

飞将军之轻佻

李广的先祖李信为秦国名将，曾率秦军到辽东追斩燕太子丹。作为名将之后，李广年纪轻轻就在战场上崭露头角，他英勇善战，有先祖之风，当时人都赞叹："李广才气，天下无双"，汉文帝也曾感慨，说李广如生在楚汉相争之时，"万户侯岂足道哉！"就是敌人匈奴也称李广为"汉之飞将军"，远远地避开他。可是李广打了七十多场大大小小的仗，却终身未能封侯，最后落得自杀的下场，别人都说他"命数奇"，也就是命不好，汉武帝甚至都不敢派他领军，怕晦气，李广为什么难封，此中到底有什么神秘之处呢？为什么连皇帝也觉得他命不好？让我们来刨根问底，一探究竟。

李广一生经过汉朝三代皇帝的统治时期，汉文帝、汉景帝和汉武帝。汉文帝时，他正年轻，只是其时国家正处于休养生息的"文景之治"，执行和平外交政策，他缺乏展现才华的机会。

公元前166年，匈奴大举入侵边关，李广少年从军，抗击匈奴。他作战英勇，杀敌颇众，使汉文帝大为赞赏。于是他成为汉文帝的贴身侍卫，曾被汉文帝大大夸奖过的，认为如在汉高祖刘邦时代"封万户侯何足道哉"，意思就是说，可惜啊，你没有遇到好机会，你要是在我朝开国的时候，一定是个万户侯。这一评价，有内心惋惜的成分，也有文帝勉励李广的成分。有汉文帝的这个评价，对李广的人生路好像预言一般，是那样的准确。

匈奴射雕手

匈奴入侵上郡（郡治肤施，今陕西榆林东南鱼河堡），景帝派一个宠信宦官同李广一起统率和训练军队抗击匈奴。一次宦官带几十个骑兵出猎，路遇三名匈奴人骑士，与其交战，结果，匈奴人射杀了所有随从卫士，还射伤宦官，宦官慌忙逃回报告给李广。李广认定三人是匈奴的射雕手，于是亲率百名骑兵追赶三名匈奴射雕手。匈奴射雕手因无马而步行，几十里后被追上，李广命令骑兵张开左右两翼，自己亲自射杀二名匈奴射雕手，生擒一名。刚把俘虏缚上马，匈奴数千骑兵赶来，见到李广等人，以为是汉军诱敌之兵，连忙抢占了一座高地。李广所带的百骑兵士慌忙欲逃。李广说："我们远离大军数十里，逃必死！不逃，匈奴以为是诱敌之计，必不敢攻击我们。"遂带领兵士向匈奴骑兵迎去，离匈奴阵前二里之遥，他令士兵下马解鞍，匈奴搞不清他们的意图，果然不敢攻击，只派一名将官出阵试探，李广飞马抢到阵前，将他射落马下，然后从容归队。到夜半时，匈奴认为一定有汉军埋伏夜袭，遂引兵而去。

汉景帝即位后，李广升为骑郎将。他的机会来了，吴王刘濞发动了叛乱，即著名的"七国之乱"，李广跟随太尉周亚夫出征平叛，他在战斗中表现特别勇敢，曾夺得叛军军旗，在古代这是显赫的战功。皇帝肯定是要重重地奖励他的，但这一可能性被他随后犯的错误给取消了，他私自接受了梁王为感谢他解围而赠予的印授。这个印授虽然只是个礼节性的赠品，但在汉景帝眼中，这就是有二心的表现，历史上的景帝本来就是出名的刻薄寡恩，晁错和周亚夫的下场就说明了这一点。果然，皇帝没有使李广如愿，后来还将李广调到西北边陲。这就是李广生涯中所犯的第一个错误，政治上的幼稚和轻率。

匹夫之勇

公元前140年，汉武帝即位，调李广为未央卫尉。四年后，李广率军出雁门关，被成倍的匈奴大军包围。匈奴单于久仰李广威名，令部下务必生擒之。李广终因寡不敌众而受伤被俘。押解途中，他飞身夺得敌兵马匹，射杀追骑无数，终于回到了汉营。从此，李广在匈奴军中赢得了"汉之飞将军"称号。几年后，匈奴杀辽西太守，击败韩安国将军。武帝重新起用李广为右北平太守。匈奴闻"飞将军"镇守右北平，数年不敢来犯。

公元前120年,李广率四千骑兵出右北平。配合张骞出征匈奴。兵进数百里,突然被匈奴左贤王率四万骑兵包围,汉兵死伤过半,箭矢也快用完了。李广令士兵们引弓不发,他自己以大黄弓连续射杀匈奴裨将多人。匈奴兵将大为惊恐,纷纷被李广的神勇镇住而不敢妄动,直到第二日,汉军主力赶到,李广军得以解除重围。

李广射虎

汉武帝时,李广为右北平郡太守。当时这一带常有老虎出没,危害人民。出于为民除害,李广经常带兵出猎。

一日,李广狩猎回来,路过虎头石村,已是夜幕降临时分,月色朦胧。这里怪石林立,荆棘丛生,蒿草随风摇曳,刷刷作响。行走间,突然发现草丛中有一黑影,形如虎,似动非动。这时,李广让士兵闪过,拉弓搭箭,只听"嗖"的一声,正中猎物,于是策马上前察看,当正要搜取猎物时,不觉大吃一惊,原来所射并非一虎,而是虎形巨石。仔细一看,镞已入石。这时众随从也围拢过来观看,均赞叹不已。当时李广也不自信,又回到原处上马重射,比前更加用力,可是连射数箭,都没入石。

事后,当地百姓闻听此事更加敬慕。匈奴也闻风丧胆,多年不敢入侵。

从这些作战经历可以看出。李广打了很多仗,他的实战经验和武艺确实很突出,非常适合做一个指战员,但说到运筹帷幄、战略决策的方面军司令,他还是远远不及格的,而且他总是将自己和战友置于劣势环境下作战,这只能叫自负和莽撞。即使谈他那些零敲碎打的功劳,在当时的军队奖惩体系中,李广并没有受到不公正的待遇,是得到了他应有结果的,实际上他常常是俘获不多、或功过相抵,即使他那次神勇地从匈奴逃归,但整个战役失利,当时就被汉武帝革除军职,贬为庶人,这就好像老是原地踏步(甚至还有后退),国家根本没有奖励他的理由。因此,在军人这岗位上,李广一向"自负其能",却不知自己在军事指挥上还非常初级,这是他所犯的第二个错误,军事上的肤浅。

心高气傲

　　李广自己是如何看待自己终生未能封侯一事的呢？他自己当时也百思不得其解，于是就找了一个算命先生，问："我李广从少壮到暮年，与匈奴大小七十余战，都不落在别人后面，然而，不少声望和能力都不如我的人，包括一些普通士卒，都因军功而得以封侯，难道是我运道真的不顺吗？"算命先生说："将军自己想想，有没有做过什么不好的事？"李广说："我当陇西太守时，羌族人造反，我诱降了八百多人，但我当天就违背诺言，把他们全杀了。这是一大亏心事。"算命先生于是说："祸莫大于杀降，这正是将军不得封侯的原因。"

　　还有一件事情，李广那次被匈奴俘虏侥幸逃回后，按汉朝的法律李广本应被处死，后来出钱赎了死罪，被削职为民，闲居在家。一天晚上李广带一名骑马的随从外出，和朋友在田间饮酒。回来时路过霸陵亭，恰巧那天晚上霸陵亭尉（哨所治安官）也喝醉了酒，便喝令李广，不让他通过。随从说："这是前任李将军！"霸陵亭尉因喝醉了酒，根本不管什么李将军不李将军，便理直气壮地说："现任将军尚且不能夜晚通行，何况是前任呢？"那晚李广就只有露宿在霸陵亭下。

　　这事过去不久，匈奴入侵，汉天子又起用李广为右北平太守。李广就征调此霸陵尉入军。到了军中，不由分说就找借口处死了霸陵尉。我们不难看出，这个霸陵尉死得有些冤。不管当时他喝没喝醉酒，他的做法都是无可非议的，完全是忠于职守。由此可知，李广的性格竟然偏执到这种程度，但他虽然将杀降的事判定是不能得侯的原因，却不知道更为根本的原因是其个人性格本身就有缺陷，才能作出杀降和杀霸陵尉这样极端的事情，谁敢封这样的一个人做侯呢？还有一条，对于李广来说，似乎也很重要，这就是司马迁描写他见过的李广："悛悛如鄙人，口不能道辞。"意思就是，憨厚得像农夫百姓，不善言辞。像李广这样，外表既不出众，又不善言辞，只是一味埋头干活的人，自然是吃不开的。再加上运气不佳，等待他的结局就可想而知了。这就是他的第三个错误，缺乏自知之明，为人木讷。

第四章 心高命奇
——陇西李氏

种种窘境使李广无法摆脱,他就采取了极端的方式去解决。公元前119年,大将军卫青率军出击匈奴,李广以六十多岁的高龄任前将军职。出塞后,卫青从俘虏口中得知了单于的驻地。他想甩开李广独得大功,便令李广的前锋部队并入右翼出东道,他自带中军去追单于。李广力争无果,遂引军与右将军赵食其合军出东道,由于道路难走又无向导,终于迷失了路。此时卫青与单于接战,单于逃走,卫青只得徒劳而返,在回军的路上才与右翼部队会合。卫青差亲信带着酒肉来慰问李广,向他询问右翼部队迷路的经过。卫青好向天子上报,把走失单于的责任推给右将军赵食其。李广一生高傲,自然不答应。他把责任揽在自己身上,拔出佩剑引颈自刎。消息传开,李广全军和百姓无不痛哭。

李广没有封侯,终其一生,他的待遇也只是两千石,相当于厅局级的级别。但太史公给他单独列传,并且花了相当的笔墨来描述他的生平事迹,还用"桃李不言,下自成蹊"来发表他的感叹,孔子认为,一个人应该"敏行讷言"。桃树李树,并不开口说话,春野花明,夏日果熟,人们因仰慕而在树下踩出小道。司马迁认为李广就是一个具有桃李那样品德的人。

除了表达崇敬之外,我们还应该指出他自身的原因与悲惨的下场有着莫大的关系,主要有上述的步步错误。不过,我们还要公正地看到,除了李广的自身原因导致难封外,客观上还是当时匈奴很强盛,汉和匈奴的战争,属于拼实力的消耗战,大漠野战,以步对骑,汉兵不具有优势。这样的战斗,必然是双方伤亡相当。只有在某种场合,如集中了优势兵力,出敌不意,捣入巢穴时,才能伤亡少而俘获大。当然,仗打得多,也有轻易俘获的一些战斗,只是这种情况李广没碰上。还有一个隐藏的原因就是,汉武帝用兵本身的问题。皇亲贵戚率领的都是经过挑选的精兵锐卒,装备也格外精良,而李广等诸多老将的部队无论是士兵的身体素质还是战马和兵器都赶不上他们,所以身为皇亲的卫青和霍去病千里出击,总是所向披靡,李广这些老将们则常常延误军机以至打败仗。总之,各方面因素归结在一起,结果就是李广不遇,我们从中应该可以吸取一些教训。

李广死后

公元前118年，李广死后第二年，李广的兄弟丞相李蔡被告侵占了汉景帝陵园前大道两旁的空地，汉武帝派人查办，李蔡不愿受审对质，也自杀了，他的封国被废除了。李广有三个儿子，名叫当户、椒、敢，都任郎官。汉武帝宠爱男宠韩嫣，韩嫣与汉武帝一起长大，是皇帝的哥们儿，经常对皇帝出言不逊，无人敢惹，只有李当户（李陵的父亲）忍不住打了韩嫣，韩嫣逃走后，汉武帝认为李当户很有勇气。李当户死得早，李椒被封为代郡太守，二人都比李广先死。李广死在军中的时候，李敢正跟随骠骑将军霍去病，以校尉官职随从骠骑将军出击匈奴左贤王，作战勇猛，夺得左贤王的战鼓和军旗，斩杀很多敌人首级。班师回朝后，武帝赐封李敢关内侯，封给食邑二百户，任命他接替李广的郎中令。

李敢一直怨恨大将军卫青逼他父亲李广饮恨而死，李蔡自杀后，李敢更加激动，于是去见卫青，质问他父亲致死的原因。言语间起了龃龉，李敢气愤下出拳打伤了卫青。幸好卫青的手下抢上来拉开李敢，李敢才愤愤而去。卫青心中也颇为惭愧李广之死，所以也不动怒，将李敢打他的事隐瞒了下来，没有张扬。是卫青外甥霍去病，无意中知道了此事，便怀恨在心。不久，李敢随从汉武帝去雍县的甘泉宫打猎。霍去病也在场，他为了给卫青报仇，趁李敢不备，借射兽为名将李敢射死。从人飞报汉武帝，霍去病当时正受宠，汉武帝就故意隐瞒了真相，说李敢是打猎时被鹿撞死的。

李敢冤死后一年多，霍去病壮年病死，年仅二十九岁。人人都说是天道有知，巧为报复。霍去病的儿子霍嬗袭封。后来跟随汉武帝从禅泰山，在半路病殁。霍去病父子都是壮年逝世，霍嬗无子，从此绝后。

李敢有个女儿是太子刘据的侍妾，很受宠幸，李敢的儿子李禹也因此受太子宠爱。李陵冤案后，李禹被告发与李陵有牵连，被汉武帝处死，李氏家族日渐败落衰微。李氏一家，在汉代似乎有着悲剧性的宿命。李广之死只是序幕，李广之子李敢被霍去病射杀只是个插曲，而李广之孙李陵，则把这幕悲剧推向了高潮。

第四章 心高命奇
——陇西李氏

◎ 李陵：英雄国贼身兼之

受命出师

李陵，字少卿，飞将军李广的孙子，李当户的遗腹子，步入仕途之后为侍中（皇帝的侍从官）、建章监（督工修缮柏梁台）。李陵继承了这个军人世家的优秀品质，善射骑，礼贤下士，深得士卒之心。武帝以为有祖父风，拜为骑都尉。受命后，选英勇善战的步兵五千人驻酒泉、张掖，加紧训练，以防胡人的侵扰。但是这个家族的厄运，同样也没有放过他。

此时卫青的时代已经结束，接替卫青的是刘彻的又一个因为自己漂亮姐姐而进入军队的人物——贰师将军李广利。天汉二年（公元前99年）武帝宠姬李夫人之兄李广利为贰师将军，带骑兵三万出酒泉伐匈奴。武帝把李陵召到长安，想派他负责保护李广利的后勤补给路线。如果李陵就这么答应下来，应该可以顺利完成任务，凯旋后如果运气好职务也能提升吧。但李陵叩头请求以自己的五千人独当一面——过去，他参加的几次军事行动，都因为担任接应而未能与匈奴正面交战，这一定让他想起祖父李广的遭遇，而且也不可能实现他为国立功、重振家声的夙愿。他说："我所率领的官兵，都是荆楚一带的勇士、奇才、剑客，勇力足以扼虎，射箭百发百中。愿意独立成军投入战场，分散匈奴的注意，策应贰师兵团。"汉武帝一开始没答应李陵，说："将恶相属邪！吾发军多，毋骑予女。"意思是说，为将者都不想当别人的部下吗？这次是大规模作战，我没有多余的兵力，尤其是马匹可以调拨给你。李陵说："用不着马，我愿以少击众，用五千步兵，踏平单于王庭！"

李夫人，野史中又称李妍，中山（今河北省定县）人，是汉武帝最为宠爱的妃子之一。她是汉武帝宠臣、宫廷乐师李延年的妹妹，贰师将军李广利的姊姊。

李延年擅长音律歌舞，故而颇得武帝宠幸。一日李延年为汉武帝献歌，歌词称："北方有佳人，绝世而独立，一顾倾人城，再顾倾人国。宁不知倾城与倾国，佳人难再得！"汉武帝闻得此曲，极为感慨叹息。汉武帝姊平阳公主便告诉武帝，歌中的佳人就是指李延年的妹妹，即李夫人。李夫人随后得汉武帝召见，由是深得宠幸。

　　李夫人早卒，汉武帝以皇后之礼安葬，后来还封其弟李广利为贰师将军，李延年为协律都尉。汉武帝驾崩后，霍光揣度其意旨，为李夫人追上尊号为孝武皇后。

　　李夫人生一子刘髆，为昌邑哀王。其孙刘贺，袭昌邑王，只当了二十七日的皇帝。

中国影戏历史源流

　　相传汉武帝因思念已逝的李夫人，请道士少翁召其魂，少翁乃架布幕、点灯、香烟，并命与李夫人相貌相似者立其后，言此乃李夫人之亡魂，这便是中国史上影戏之起源。

　　汉武帝就是那种喜欢华丽作战的人物，一听李陵有这么大的抱负和勇气，立刻就批准了他的请求，并下诏命强弩将军路博德负责接应李陵，命他做李陵的后援，负责接应掩护。路博德羞于当李陵的助手，他是一员沙场老将，早在元鼎五年（公元前112年）就拜为伏波将军，独自统率大军征讨南越，而如今却要为一个后生小辈殿后接应，心中自然是愤愤不平，于是上报："现在秋季将临，匈奴汗国草长马肥，正是兵力最强之时，不宜攻击。请命李陵稍停，等到明年春天再出发。"汉武帝多疑的老毛病又发作了，他怀疑李陵忽然胆怯后悔，教唆路博德帮他说话，不禁震怒。一面下令路博德与从西河郡出塞的公孙敖兵团会师，一面下令李陵于九月出发，由遮虏障直到东浚稽山（今蒙古阿尔泰山）南麓龙勒水搜索匈奴，如果不见敌踪，即撤退到受降城休息。领袖猜疑，援军不力，孤军深入，而且缺少战马，凡此种种，都给这次出征蒙上了不祥的阴影。

　　此次出征兵分三路，李广利是主力，李陵和另外一军是偏师。李陵率领他的五千步兵按照计划，从居延出塞，向北挺进。三十日后，到达东浚稽山扎营，把沿途所见的山川形势绘制成军用地图，命令麾下骑兵陈步乐飞报朝廷。汉武帝极为重视李陵一军的活动，立即亲自召见。陈步乐虽然是一名普通士兵，却能言善辩，将李陵出师以来的行动表述得清清楚楚。汉武帝听后大悦，立即任命陈步乐当郎官（宫廷禁卫官）。群臣见汉武帝龙颜大开，纷纷表示庆贺，然而就在此时，厄运已经降到了李陵的身上。

宿命降临

前线情势突变。李陵在浚稽山南的龙勒水（今蒙古人民共和国西部）和单于三万人遭遇，匈奴单于亲自统率的三万大军，已把李陵团团包围。面对优势敌军的包围，李陵毫不慌乱。他把部队集结在两山之间，用运粮车结成车阵，四周布防，自率精锐在车阵外列阵应敌。前排战士手执盾牌长戟，后排则埋伏弓箭手。命令："闻鼓而进，闻金而退。"匈奴兵团见汉军人数很少，直扑过来，前排战士迎战肉搏，然后返回战壕。待匈奴追击，后排军突然万箭俱发，匈奴士卒应声倒地，死伤众多，急收兵还屯山上。李陵军队尾追，斩杀数千人。

单于大为震惊，马上集结东、西两部左、右贤王（匈奴最高官位），出动全部人马和能拿弓的百姓来增援，共八万余人，再发动攻势。众寡悬殊，李陵只好且战且走，向南撤退。但是缺少战马导致机动性差，行动缓慢。步兵再强悍英勇，也无法摆脱骑兵的追击，将士们每前进一步，都要浴血奋战，可是匈奴骑兵两翼张开，很快就又把李陵兵团夹在当中。

这样艰难转战数日之后，部队已经是死伤惨重。李陵下令："士兵受伤三次以上的，可以坐车。受伤两次以上的充当驾驶。受伤一次的继续战斗。"即使如此，他仍带领残破之师再作反攻，斩匈奴士卒三千余人，成功突围。然后改向东南，沿着前往龙城的旧道，再走四五日，到达一片苇草茂盛的沼泽地带。匈奴兵团顺风纵火，李陵却先纵火烧出一条通路，继续南下。此时到达丘陵地带，匈奴单于在南山上眺望，命太子率骑兵攻击，李陵军退入树林，在树林中厮杀苦战，击杀匈奴数千人。李陵遥遥望见单于在山上指挥，下令用"连弩"遥射，箭如雨下，单于急奔山下躲避。此树林之战，匈奴连死伤的人也来不及搬走。

单于大为震惊，他万万想不到自己精锐的优势骑兵，苦战多日，伤亡惨重，居然拿不下一支小小的汉军偏师。而且疑虑：这支部队打到现在，居然还是阵脚不乱，斗志十足，莫非早有准备？他怀疑这是汉朝的圈套，以孤军深入的假象，引诱匈奴向南追击接近边塞，进入汉军的伏击圈。他甚至想放弃这块叫他吞不下去的硬骨头。可是他的部下一齐反对，说："单于御驾亲征，率领几万人的大军，如果还吃不掉区区几千汉军步卒，以后还怎么号令属国，还怎么让汉朝不轻视匈奴？在山谷树林中既不能取胜，前面四五十里，就进入平地，如果再不能取胜，班师不晚。"

这时李陵军处境越发险恶，匈奴依仗绝对优势兵力，反复冲击不止，但李陵军仍能击退他们的进攻，并杀死匈奴二千余人，而汉朝边境也近在眼前了。

然而，就在这时，李陵的军候管敢因受到校尉的欺辱，一怒投奔匈奴，将李陵的虚实一一告诉了单于："李陵并没有后援，前面也没有埋伏，箭且用尽。只有李将军的警卫部队，跟校尉成安侯韩延年（也是将门之子，父韩千秋击南越战死，武帝封子延年为侯，以校尉随李陵出征）的部下，各约八百人，武装还全，担任先锋。他们分别使用黄旗、白旗，如果用精锐骑兵集中射击，就可击破。"怂恿他们再战必胜，单于就下令继续进攻，围困李陵于山谷中。

单于决心生俘敌将，在进攻时高喊："李陵、韩延年，赶快投降！"大军截住了李陵的退路。单于占据山头，匈奴兵布满四周山顶，集中发箭，蔽天而下，李陵被困在山谷之中，仰攻困难很大，士卒死伤如积，但是李陵劳军问伤，振臂一呼，负伤的士卒又爬起来作战。李陵军突围，再向南挺进，将到鞮汗山，又被匈奴军包围。李陵率残军血战，一天之中，发射五十万箭，箭终于用尽。遂抛弃辎重车辆。这时战士还剩三千人，刀枪已折，于是砍下车轴当武器，文职人员拿着刻字的笔刀，一齐退入狭谷。而匈奴的包围圈越来越小，单于亲率精锐部队遮住谷口，从山上滚下巨石，声震天地。战士死伤无数，无力再战。

黄昏降临后，李陵换穿便衣，独自出营，告诉左右不许跟随——到了这个地步，他只能希望靠个人冒险，侥幸劫持单于。但见篝火熊熊，人影绰约，李陵黯然折回，叹息："我们已经失败，死在此处。"他仰天长叹："苍天！苍天！再赐给我们数十支箭，就可以突围。而今，我们没

第四章 心高命奇
——陇西李氏

有武器、没有箭。天明之后，只能束手被擒。不如解散，各人分别逃生，希望有人脱险，回到汉境，奏报天子。"下令砍倒所有旗帜，把值钱的珠宝埋藏地下，每个士兵各带粮食二升，和一块冰（用作饮水），互相约定，先到遮虏障的，等待后到的战友。

夜半，李陵命击战鼓，战鼓已破，不能发声。李陵跟韩延年上马，率领十余位壮士向南突围。为单于察觉，率数千骑尾追不舍，尘沙蔽天，韩延年战死，李陵矢尽援绝，仰天长叹："再也无颜回报陛下。"终于降了单于。他的部下分散逃命，逃到边塞的只有四百余人。李陵军溃败的地方，距边塞仅一百余里。

汉武帝为人喜怒无常，刚愎自用，任人唯亲。李陵战败的消息传到京城之后，汉武帝最初期望大舅子李广利立下大功，为他长脸；李广利兵败后又指望李陵胜利给他遮羞；李陵被围，他又期望李陵战死保住最后的体面。于是一听到李陵投降的消息，异常震怒，召先期报捷的陈步乐痛斥，陈步乐有口难辩，惊恐万分，立即自杀。

最初，李陵捷报频传时，群臣纷纷上书祝贺，当李陵陷入困境的时候，都缄口不言；最后李陵兵败投降，又都上书痛斥李陵，这种见风使舵的恶劣风气，令与李陵并无深交，但为人正直，又书生气十足的太史令司马迁愤恨不已。于是司马迁说了刘彻所不愿意听的话——他因此大难临头。

"李陵对士兵非常爱护，平时常以杀敌报国为最大志愿。如今不幸战败，而一些没有冒一点危险的大人先生，却在一旁议论纷纷，挑剔他的过错，使人痛心。李陵以区区五千步兵，深入沙漠与八万骑兵对抗，转斗数百里，歼敌一万余人，士卒死伤如积，兵尽粮绝，救兵不至！箭尽力竭，但仍冒白刃反攻，部下毫无离心，自古名将，不过如此。他身虽被俘，却曾力挫强敌，也为朝廷赢得了荣誉。而且我更相信，李陵忍辱投降，绝非出自本心，恐怕是另有图谋，以求将来有机会报答陛下。"但是，这样一番旨在宽慰汉武帝怒火的言语，却被武帝认为是讥讽李广利用兵无能，特意为李陵开脱罪责，于是大为光火，就把司马迁囚入诏狱。法官会审的结果，确定司马迁犯了包庇叛徒的伪证之罪，判处死刑。司马迁的家人为他好不容易借贷到一笔赎金，才减为次一等的腐刑——将生殖器割除。

腐刑

腐刑又叫宫刑，它是中国古代五刑之一，也是最残酷的刑罚之一。执刑人用刀子剜掉受刑男子的睾丸，对受刑女子同样是破坏其生殖机能。总之，这是一种对人格施以极大侮辱的惩罚。

腐刑固然痛苦，但羞辱尤甚，司马迁几次都要自杀，但他终于在残忍的命运下活了下去，为的是要完成他的《史记》——这一百五十多万字的巨著，不但成为中国史籍的珍宝，而且他所开创的、记传体裁从此被后代史家奉为圭臬。

这里有一个问题：李陵为什么不像韩延年那样战死或自杀呢？

在突围前夕，还有军吏劝他："将军威震匈奴，失败是天命不遂，即使被俘也可以设法逃归。就像浞野侯赵破奴也曾为虏所得，后来逃脱，得到天子礼遇，何况将军呢！"而当时李陵的回答十分决绝："您不要说了！如果我不死，就算不上真正的壮士。"何其悲壮！他为什么言行不一？而他投降之前，说"无面目报陛下！"又是什么意思呢？后来，李陵《答苏武书》中说："我当时所以不死，只是打算效法前辈英雄，有所作为。可是，大志未成，全族被刘彻屠戮，老母都不能幸免。仰天捶胸，眼泪流尽，继之泣血。"《答苏武书》被怀疑为后人伪托，姑且不论。但在正史中，李陵确有"陵虽驽怯，令汉且贳陵罪，全其老母，使得奋大辱之积志，庶几乎曹柯之盟，此陵宿昔之所不忘也"的表白，如果他的表白是真实的，李陵的遭遇，就是一个忍辱负重者遭到误解的悲剧。

异域之人

李陵兵败后的第二年，汉武帝后悔当时没有及时派出援军，致使李陵军全军覆灭，遣使慰问逃回来的李陵部下，于是遣因杅将军公孙敖率军出塞，准备迎回李陵，不料公孙敖无功而返——显然，在双方互不通气的情况下，这根本是"不可能完成的任务"。公孙敖当然无功而返，为了逃避惩罚，昧着良心泼污水："据捕获的匈奴俘虏供认，李陵正在为匈奴训练士兵，以防备汉军。所以臣无所得。"而实际上为匈奴训练士兵的是汉军边塞都尉李绪，降于匈奴之后得到单于礼遇，地位在李陵之上，

第四章 心高命奇
——陇西李氏

公孙敖文过饰非的谎言自有他不得已的苦衷，可是这并不能让人原谅他对李陵造成的伤害——汉武帝大怒，不分青红皂白就诛杀了李陵的老母、弟和妻子。单于即以女妻之，还让他当了右校王，断绝了李陵返汉的愿望，加上全家被屠，现在李陵只有死心塌地的做叛徒了。至此，这一陇西世代名将之家彻底败落，李陵身败名裂，史载"陇西士大夫以李氏为愧"。

后来，汉遣使匈奴，李陵质问使者："我作为汉将，率领步卒五千人横行匈奴，因为孤立无援而失败，有什么对不起汉朝的大罪，而至于诛杀我全家？"使者回答："我朝有情报说，李少卿教匈奴战术，与我为敌。"李陵悲愤不已："那个人是李绪，不是我。"李陵痛其家因李绪而诛，使人将李绪刺杀，为此几乎引来杀身之祸。

李陵与苏武的一段故事，也很耐人寻味。

当初，苏武与李陵俱为侍中，既是同事，又是朋友——两人都是将门之子，都有立功报国的雄心，自然很谈得来。苏武出使匈奴，因副使张胜的贪功妄动（此人身为外交官，竟阴谋劫持单于之母）而被匈奴扣留——这次外交破裂，正是令李陵身败名裂的汉匈之战的导火索。

李陵投降后，感到内心惭愧，不敢去见苏武。过了很久，单于知道了这层关系，派李陵到苏武的流放地——北海（今贝加尔湖）劝说。

《汉书》记载了这次会面"（李陵）为武置酒设乐，因谓武曰：'单于闻陵与子卿素厚，故使陵来说足下，虚心欲相待。终不得归汉，空自苦亡人之地，信义安所见乎？前长君（您的哥哥）为奉车（都尉），从至雍棫阳宫，扶辇下除，触柱折辕，劾大不敬，伏剑自刎，赐钱二百万以葬。孺卿（您的弟弟）从祠河东后土，宦骑与黄门驸马争船，推堕驸马河中溺死，宦骑亡，诏使孺卿逐捕不得，惶恐饮药而死。来时，太夫人已不幸，陵送葬至阳陵。子卿妇年少，闻已更嫁矣。独有女弟二人，两女一男，今复十余年，存亡不可知。人生如朝露，何久自苦如此！陵始降时，忽忽如狂，自痛负汉，加以老母系保宫（作为人质），子卿不欲降，何以过陵？且陛下春秋高，法令亡常，大臣亡罪夷灭者数十家，安危不可知，子卿尚复谁为乎？愿听陵计，勿复有云。'武曰：'武父子亡功德，皆为陛下所成就，位列将，爵通侯，兄弟亲近，常愿肝脑涂地。

今得杀身自效,虽蒙斧钺汤镬,诚甘乐之。臣事君,犹子事父也。子为父死亡所恨。愿勿复再言。'陵与武饮数日,复曰:'子卿壹听陵言。'武曰:'自分已死久矣!王必欲降武,请毕今日之欢,效死于前!'陵见其至诚,喟然叹曰:'嗟乎,义士!陵与卫律之罪上通于天。'因泣下沾衿,与武决去。"

李陵劝说失败,但不忘旧情,他见苏武生活困苦,为了避嫌,就让自己的妻子(匈奴公主)送给苏武牛羊数十头。后来李陵复至北海上,向苏武通报汉武帝的死讯。同样,苏武虽然不肯改变节操,但对这位老朋友的苦衷也很理解,这正是质朴刚强的汉朝人的可爱可敬之处。当初苏武的父亲苏建也遭遇过与李陵相似的失败:在配合卫青进攻匈奴时,苏建曾孤军陷入重围,经过一天血战,全军覆没,苏建只身突围。因此被宣判死刑,后交付罚金才保住性命,废为庶人。可能这一段往事,让苏武对李陵有了更多谅解。

汉昭帝即位后,汉匈关系缓和,和亲取代了征战。汉朝遣使要求送还苏武,通过"鸿雁传书"的计策,匈奴只好将苏武交还。

李陵为苏武置酒祝贺,酒宴上不胜感伤地说:"今天足下回归,可谓扬名于匈奴,功显于汉室,即使是青史所载、丹青所画的古圣先贤,何以过子卿!我虽愚钝怯懦,假如汉朝当时暂时宽恕我兵败之罪,保全我老母,给我洗雪耻辱的机会,也许我可以像古人曹沫那样,逼迫敌人签下和平条约,这是李陵日夜不敢忘记的。可是汉将我一家满门抄斩,我还有什么牵挂呢?这些话说来已经没什么意义了,只是希望让子卿了解我的内心。异域之人,一别长绝!"酒入愁肠,感情不可遏止,李陵起舞作歌:"径万里兮度沙幕,为君将兮奋匈奴。路穷绝兮矢刃摧,士众灭兮名已聩。老母已死,虽欲报恩将安归!"歌罢,李陵泣下数行,与苏武诀别。

苏武归汉

太初四年(前101)冬,匈奴响犁湖单于死,其弟且鞮侯立为单于,为与汉修好,他遣使送回以往扣留的汉使路充国等人。天汉元年(前100)三月,汉武帝为回报匈奴善意,派中郎将苏武、副中郎将张胜及随员常惠等出使匈奴,送还原被扣的匈奴使者,并厚馈单于财物。苏武等到达匈奴后，原降匈奴的汉人虞常等人与张胜密谋，欲劫持单于母亲阏氏归汉。事发后累及苏武，苏武不愿受辱，自杀未成。单于敬重他，派汉降臣卫律劝降，苏武不为所动。于是单于把苏武幽禁在地窖中，断绝饮食，以此逼他就范。苏武坚持数日不死，匈奴以为神，就将他流放到边远的北海（今贝加尔湖）无人烟的地方，放牧羝羊。始元二年（前85），匈奴壶衍鞮单于新立，遣使者欲与汉朝亲善。汉朝要求匈奴释放苏武，始元六年（前81），苏武等9人由汉使迎接回国。苏武羁留匈奴19年，习知边地民族，归国后被任为典属国，专掌少数民族事务，他在匈奴持节不屈，被后世视为坚持民族气节的典范。

此时，正是大将军霍光、左将军上官桀辅政，这两位过去都是李陵的好友，因此派遣李陵的旧交任立政等充任使者，前往匈奴，趁便说服李陵回归。

匈奴单于为汉使置欢迎酒宴，由李陵、卫律出席作陪。看着"胡服椎结"的老朋友，任立政当着卫律，当然不好直说来意，于是"目视陵，而数自循其刀环，握其足，阴谕之，言可还归汉也。"见没有反应，任立政说："汉已大赦，中国安乐，主上富于春秋，霍子孟、上官少叔用事。"李陵默然良久，回答说："吾已胡服矣！"

李陵的后代

唐朝的黠嘎斯人（今吉尔吉斯人）自称为李陵的后代。历史上，李陵降后单于赐婚，新娘是鲜卑贵族托拔氏之女，鲜卑早期习俗子女从母姓，就是后来的拓跋氏，但是他们似乎不愿意承认是李陵的后人，建立北魏后把说他们是李陵后人的学者都杀了，甚至有学者认为出生于中亚的李白也是李陵之后。

公元前90年，匈奴再度向汉朝发动攻击，"入五原、酒泉，杀两部都尉"，作为反击，汉朝方面派出了贰师将军李广利带着七万人自五原方向出击，御史大夫商丘成带着三万余人自西河方向出击，重合侯莽通则拉着四万骑兵自酒泉出击，可以说是相当大规模的反击战。

相应的，匈奴方面则是采用了诱敌深入加坚壁清野的方针，而且获得了极大的成功。作为主力的李广利全军覆没，他本人也投降了。在这次战斗中，御史大夫商丘成的部队一直前进都没发现什么目标，又不能就这么待下去，于是只有撤退。此时匈奴在敌进我退后，他们采用了敌退我进的战略，派出了三万多名骑兵追击商丘成，而领军的则正是李陵。

《汉书·匈奴传》，原文如下："匈奴使大将与李陵将三万余骑追汉军，至浚稽山合，转战九日，汉兵陷陈却敌，杀伤虏甚众。至蒲奴水，虏不利，还去。"

李陵在匈奴二十余年，于宣帝元平元年病死。数百年后，唐朝皇帝自称李氏之后，北方民族黠嘎斯人亦自称李陵之后。

历史上的李姓名人

李氏地望一是在陇西郡，即现在的甘肃省境，一是在赵郡，即现在的河北省境。李姓为我国第一大姓，历史上的李姓名人，多得不胜枚举，在这里，我们只能略举一二。李耳（即老子），春秋时期的思想家，著有《道德经》，是道家的创始人。除汉时的名将李氏外，还有秦代的著名政治家李斯，西汉音乐家李延年等都是人皆熟知的人物。唐朝，是李家建立的在中国历史上最声威远播的一个朝代。唐朝的强盛，也带来了李姓的日渐兴旺，唐时的李姓名人，比比皆是。有开创贞观、开元之治的唐太宗李世民和唐玄宗李隆基两位唐朝最高统治者，更有诗人李白、李绅、李峤、李颀、李贺、李商隐等，还有书法家李邕，画家李昭道、李思训，史学家李百药，军事家李靖等人，都是李氏中的英才俊杰。唐之后的李氏仍然代不乏人，例如，五代时有词人李煜，画家李成；宋时有女词人李清照，文学家李昉，画家李公麟；元代时有数学家李冶，画家李衎；明代时有思想家李贽，诗人李东阳，医药学家李时珍；清代有文学家李调元，戏曲理论家李渔，小说家李汝珍、李宝嘉，数学家李善兰；近代则有中共创始人之一的李大钊，地质学家李四光等等，都是李姓中的杰出代表。

第五章　青山不老照兴衰——扶风窦氏

《风俗通》记载，夏帝相的皇后为避有穷之难，从墙窦中出逃成功，逃到了有仍（今山东济宁），生下少康，少康有两个儿子，大儿子杼继承其帝位，小儿子龙受赐姓窦，留居有仍国，从此，龙的子孙后代就以窦为姓。另据《姓氏考略》记载，窦姓人中有部分是源自于一支为西南夷的少数民族，南北朝时，他们的首领就叫窦茂。也有一部分窦姓人源于古时的地名，古时有很多以"窦"为地名的地方。

汉王朝尽管随时提防外戚专权，汉和帝即位，窦太后临朝，窦氏一门把持朝政，终究改变了东汉外戚不干预朝政的传统。窦太后的兄弟窦宪等人都在朝中任要职，是为一时之盛。

代表人物：窦太后　窦融　窦宪　窦固
对政局影响：开汉朝外戚干政之先，窦固和窦宪击败北匈奴，彻底解决匈奴问题
溯本追源：扶风平陵（今陕西咸阳西北）人
家族兴衰：窦宪居功自傲，谋逆，后被迫自杀，受株连者也都免官还乡，窦氏专权结束。

窦太后：天意自古高难测

良缘如水

窦太后名叫窦猗房，她是清河郡（今河北清河）人，是良家子女，吕后时被入选进宫。吕后挑选一些宫女出宫赏赐给诸侯王，每个王五名，窦姬也在选中之列。窦姬因家在清河，离赵地近，希望能到赵地去。她向主持派遣宫女的宦官请求，一定要把她的名字放到去赵地的花名册里。这个宦官在分派宫女时却把这件事忘了，把她的名字误放到去代地的花名册里了。快到临走的时候，窦姬才发觉自己是派往代地，离自己家更远了，她气得直埋怨那个主管宦官脑袋糊涂。窦姬当时就不想去代地，后来强迫着才上了路。就这样她去了代地，虽然这不是她的心愿。谁知到了代地，代王刘恒独独看上了窦姬，对她宠爱异常，先与她生了个女儿刘嫖，后又生了两个儿子：刘启和刘武。

刘恒当时被封为代王，他的王后给他生了四个儿子，王后在刘恒没有被立为皇帝之前就病死了。后来代王刘恒做了皇帝，也就是汉文帝，王后所生的四个儿子也因病相继而亡。文帝刘恒做了几个月皇帝后，大臣们请文帝早立太子，这时窦姬所生的儿子刘启因为年龄最大，被立为太子。窦姬也母以子贵，做了皇后。女儿刘嫖被封为馆陶公主，窦皇后所生的另外一个儿子刘武封为梁王。

窦氏青山

窦皇后自幼家境贫困，父母早逝。她有兄弟二人，兄长为窦长君，弟为窦广国。窦广国字少君，在四五岁时，因家境贫困，被人掳掠贩卖到外地，渺无音讯。后又被人辗转贩卖了十几户人家，最后到了宜阳

（今河南宜阳西），在那里替人家进山挖石炭。一天黄昏，山崖边有一百多人在睡觉，山崖突然崩塌，睡在崖边的人都压死了，只有少君脱险逃生。没几天，他跟随主人到了长安，在那里他听说新封的皇后姓窦，原籍在观津。窦广国离家的时候虽然年纪幼小，却记得自己的籍贯和姓氏，还隐约记得与姊姊一起去采桑叶，从树上摔下来的情景。他把这些事详细的写下来后，托人转交给了窦后。窦后见到了这些材料后，把窦广国召来并详细问了其他一些情况，果然是她的亲弟弟。皇后还要弟弟回忆一些过去的情景，少君回忆道："姊姊离我西去的时候，我记得在驿站分别时，讨来米汤水给我洗头，临走时又给我吃了饭才走的。"当窦后听到此情时，握着弟弟的手已泣不成声。窦皇后重赏两个兄弟，都把他们安置在京师居住。后来又为他俩请了有德行的长者与他们住在一起，对他们进行教育。由于这样，窦长君、窦少君兄弟俩后来成为谦让有礼的君子，不敢因为地位显贵而盛气凌人。

窦氏青山

窦氏青山墓又名"安成侯墓"，位于河北省武邑县城东14公里处。系汉文皇后窦猗房之父窦青之墓。封土高41.4米，周长600米，占地面积3万平方米。

窦青系古观津（今武邑县东部）人，死后葬于故里。他的女儿被封为文皇后以后，被追封为安成侯。其后，文皇后做了皇太后，为其父扩建墓冢，升高封土，为能"西望长安"。还修建庙宇，并立"窦氏青山"墓碑一通。若干年后，庙宇、碑刻被毁，仅存"青山"。1982年7月23日，省政府公布为省级重点文物保护单位。

清苦的家境，磨炼出了窦家人朴素无华的美德，在奇妒无比的吕后时期，窦皇后的贤淑得到吕后的赞扬。做了皇后之后她仍持重不骄，保持原有的朴实。

窦皇后生病，后来双目失明。文帝去世后，景帝刘启即位，窦后成了皇太后。窦太后溺爱幼子刘武，赏赐不可胜数，恨不得让他登上皇位。景帝对这个同胞手足也感情至深，不仅同辇进出，而且想传位于他。初元三年（前154），当时还未立太子，在一次家宴上，景帝曾从容对刘武说："我千秋万岁后，把皇位传给你。"刘武口上辞谢，内心却很欢喜。

窦太后听了也极高兴。皇太后又提出想以武为嗣,征求大臣意见。大臣们都反对,刘武继位之事也就作罢。

窦氏一族有三人封侯:兄窦长君早死,其子窦彭祖封为南皮侯,其弟窦少君封为章武侯,其侄窦婴,任命为大将军,封为魏其侯。

无为之治

窦太后做皇后到这时,已经有了四十年,窦氏家族在朝廷的势力很是庞大。按照规定,分封的一些王与侯都要到各自的封地去,但窦氏的亲属们都不愿意到那些边远的地方去,都留在了京城。互相勾结,违法乱纪的事经常发生。对于窦氏来说,她和武帝的治国思想也有很大的区别。

窦太后信奉黄老之学,即远古的黄帝和近世老子的思想,主要是无为而治,清静守法,轻徭薄赋,这是汉初与民休息政策的基本治国思想,相当于现在所说的自由主义政策,低税收,少干预,自由开放,依法治国。这使国家的经济得到了恢复和发展,促成了"文景之治"盛世景象的出现。

景帝和窦姓宗族不得不读《老子》,并推尊其学说,因此她在世时"故诸博士具官待问,未有进者。"景帝时她曾召博士辕固生问他《老子》是怎样的一部书,辕固生不识时务,猝然答道:"这不过是部平常人家读的书,没什么道理。"窦太后大怒道:"难道一定要司空城旦书吗?"话中讥讽儒教苛刻,比诸司空狱官,城旦刑法。辕固生一听想转身就走,不料被太后喝住,要他到猪圈里去与野猪搏斗。景帝见辕固生为一文弱书生,恐不敌野猪,就投给他一把匕首,才让辕固生把猪刺死。因此景帝在位十六年,始终未用儒生。但到了武帝时期,因为分封的诸侯王们对抗中央,所以迫切要求改变现有的无为而治的消极政策加强中央的权力来压制地方势力。

黄老之学
中国战国时的哲学、政治思想流派。尊传说中的黄帝和老子为创始人,故名。黄老之学始于战国盛于西汉,假托黄帝和老子的思想,实为道家和法家思想结合,并兼采阴阳、儒、墨等诸家观点而成。《史记·乐毅列传赞》称其代表人物有河上丈人、安期生等。黄老之学继承、改造了老子"道"的思想，认为"道"作为客观必然性，"虚同为一，恒一而止""人皆用之，莫见其形"。在社会政治领域，黄老之学强调"道生法"，主张"是非有分，以法断之，虚静谨听，以法为符"。认为君主应"无为而治""省苛事，薄赋敛，毋夺民时"。上述主张在汉初产生了一定影响，出现了"文景之治"。东汉时黄老之学与谶纬迷信相结合，演变为自然长生之道，对原始道教的形成产生了一定影响。

汉武帝即位后，尊窦太后为太皇太后。这段时间里，她对于这个爱好儒术，心怀多欲的孙子进行了干涉和限制，用她那仅剩的能力，支撑黄老学说的门户，但她到底是老了，最后的两年，她已经无法干涉羽翼渐丰的汉武帝了。几个儒生暂时被她赶出了朝廷，可是他们还在窥视，等待着时机。东南地区的战争也传到窦太皇太后耳里，她也不希望六七十年的和平从她在世这最后几年里消失，她反对战争。由于她的威慑，汉武帝在第一次解决东瓯和闽越战争问题时，就没有敢动用调动军队的虎符，只是派使者调解了两国的争端。

东瓯和闽越

东瓯是越王勾践的后裔东瓯王的封地，大致在今日浙东南的温州市和台州温岭一带。东瓯现在仍是浙江省温州市的古称。后东瓯迫于闽越压力，"请举国徙中国，乃悉举众来，处江淮之间"，率领族属军队四万多人北上，被安置在江淮流域的庐江郡（今安徽西部的舒城地区），并被降封为"广武侯"，东瓯国从此在汉朝行政上取消了。

福建最早的名称是"闽"，其土著居民在历史上称为闽人。古闽人是拜蛇为祖先的，故"闽"字为门中有虫，"虫"的本义就是蛇。这种民俗至今仍在一些地方保存着。后来越族入闽，与土著发生融合，并在闽中传播吴越和中原文化，闽越族由此形成。闽越国立国后，国势日强，成为汉王朝劲敌。汉武帝后派朱买臣率领大军攻打，闽越兵败。闽越国九十二年的统治到此结束。

公元前135年五月，窦太皇太后逝世。思想学术自由的最后黄金时代，先秦以来的百家争鸣，一去不返了。取而代之的是大一统的儒家独尊。汉武帝得知窦太皇太后驾崩的消息，也是悲哀垂涕。同时他也觉得眼前的世界明亮了许多，他终于自由了。

◎ 窦宪：用之则为虎，不用则为鼠

复仇的孤儿

窦宪是窦融的曾孙，为汉朝继卫青、霍去病之后的又一大名将。但窦宪并不是纨绔子弟，他的老爸和祖父的确可以说是有权有势。但等到窦宪出生的时候，他的老爸已经失势，不久就给关在牢里死掉了。《后汉书》强调窦宪"父勋被诛，宪少孤。"可见窦宪小时候很吃了一些苦头的。窦宪从小是孤儿，心态不免有些变异的。后来的睚眦必报，恐怕和小时候的经历不无关系。公元77年，章帝立其妹为皇后，窦氏家族逐渐得势，窦宪也由郎官连升侍中、虎贲中郎将。不过就窦宪个人而言，还算是正常的升迁渠道。

窦宪仗着皇后妹妹就开始报复和发泄了，不过史书上提到的大多数所谓"劣迹"都是其手下狐假虎威干出来的。虽说有他本人的纵容因素，但是如果不是他后来完蛋了，也就和其他亲贵的情况差不多。窦宪真正亲手干的"劣迹"，比较出名的一是侵夺公主田产，二是杀了韩纡的儿子，三就是杀了皇族刘畅。

窦宪以很少的价钱强夺刘秀女儿沁阳公主的田产，连公主也不敢与之发生争执，以忍气吞声而了事。汉章帝路过此园，得知内情，骂他说："你连公主的田产都敢抢，何况老百姓？"虽然后来赦免了窦宪的罪过，但再也不委以重任。史书上对这一时期窦宪行为的正规记载说的是"自王、主及阴、马诸家，莫不畏惮。"这些人都是权贵（阴家是光武帝的后族，马家是明帝的后族），不过并没有窦宪侵扰百姓的记载。

公元88年，汉章帝卒。汉和帝十岁即位，窦太后临朝，窦宪于是掌权。随后他就杀了韩纡的儿子。这是为父报仇，窦宪的老爹窦勋在牢里被韩纡拷问，后来死在狱中。窦宪掌权时韩纡已死，窦宪就杀了他的儿子出气。虽说"父债子还"不符合现代观点，但在当时动不动连坐诛三族的情况下，"父债子还"也是被普遍接受的。

汉章帝窦皇后

窦皇后，扶风平陵人，东汉开国元勋窦融的曾孙女，出生时家道已经破落。汉章帝时被立为皇后，她也是东汉第一个干政的皇后。章帝死后开始临朝听政，辅佐年幼的和帝，窦氏家族权倾朝野，也奠定了东汉一朝窦氏家族的辉煌。

至于杀都乡侯刘畅，是因为刘畅至京师奔丧时，私通于太后（即窦宪妹妹），窦宪怕刘畅分享官省权力，就派人暗杀了刘畅。这里面固然有权力斗争的考虑在内，但是也不能不看到刘畅这个小白脸"通长乐宫，得幸太后"这个事实。虽说汉朝的太后通奸的不少，不过以窦宪的性格恐怕不能容忍别人泡自己的妹妹。而太后事后的激烈反应（差点杀了窦宪），也的确说明太后相当沉迷于刘畅。

此三件事被发觉后，满朝哗然，窦太后不得不将窦宪禁闭于内宫，以平众怨。于是窦宪后来就要求出关平定匈奴赎罪，不想死罪既免，更功成名就，身任大将军，"威权震朝廷"，位列三公之上。虽说窦宪时匈奴分裂，攻打北匈奴比汉武帝时代容易不少，但是窦宪率领的也不是大汉的主力，而是包括南匈奴在内的北方各族联军。在这种情况下能够消灭北匈奴，应当说窦宪的本领还是不小的。

出征北匈奴

东汉建武后期，匈奴分裂为南北两部，相互攻战不已。南匈奴单于率部附汉。兴起于漠北东部的鲜卑打败北匈奴，杀其单于，加之草原蝗灾，漠北大乱。次年南单于上书汉朝，请求乘机出兵共击北匈奴。执政的窦太后就同意窦宪为主将，征西将军耿秉为副，中央最精锐部队北军骑士及羌胡兵向帝国北境集结。此次军队的动员，在东汉历史上也是规模最大的一次。

第五章 青山不老照兴衰
——扶风窦氏

匈奴的分裂

东汉初,匈奴分为南北两支。南下附汉的为南匈奴,留在漠北的为北匈奴。和帝(刘肇)时,北匈奴被东汉和南匈奴击败,一部分西迁,其余留居鄂尔浑河流域,后被鲜卑所并。

这次出兵是这样安排的:公元八十八年冬,汉朝廷任命侍中窦宪为车骑将军,全权负责进击任务,并正式下达了讨伐北匈奴的诏令。同时着手进行北征兵团的编成工作。参加此次作战的高级军官都是汉军中戎马倥偬的宿将。

北征军副统帅:征西将军耿秉。其人是帝国元勋耿弇(音)之后,博览兵法,熟悉边境事务,多次跟随窦固进击北匈奴,西域诸国。作战勇猛,素有威信。因军功累迁驸马都尉,度辽将军,执金吾。北征时年五十岁,是作为统帅辅弼的最佳人选。

执金吾

秦汉时率禁兵保卫京城和宫城的官员,本名中尉,其所属兵卒也称为北军。武帝太初元年(前104),改名为执金吾。王莽时改名奋武,东汉时复称执金吾。西汉时执金吾担负京城内的巡察、禁暴、督奸等任务,和守卫于宫禁之内的卫尉相为表里。执金吾秩为中二千石,有两丞及候、司马、千人。属官有中垒、寺互、武库、都船四令、丞。又式道、左右中候及京辅都尉,也与执金吾有相属关系。武库为制造和贮存兵器的机构。中垒、寺互、都船之下皆有监狱。景帝时,中尉郅都曾拘捕有罪的临江王。主管武器及典司刑狱,也是执金吾的一项职责。东汉时执金吾属官只保留一武库,其余悉被减省,其职务主要是典司禁军和保卫京城、宫城的安全。执金吾每月要绕宫巡察三次,以预防和制止宫外水火之灾和其它非常事故。汉光武帝刘秀每到郡国巡视,便派执金吾留守京城;明帝东巡,还命执金吾守卫南宫。另外,有时皇帝出行,执金吾率领缇骑、步卒组成仪仗和警卫。章帝出巡,曾命执金吾随行宿卫。汉代执金吾有时也被委派为将帅而领兵远征。西汉昭帝时,执金吾马适建曾率军讨破羌人;东汉和帝时,执金吾耿秉还任主帅窦宪的副职而伐北匈奴。

辅助军指挥：度辽将军邓鸿，名将邓禹的小儿子，爱好筹划计谋，晓畅边事。四姓小侯之一人，累迁将兵长史，度辽将军。

副校尉：阎盘，常年在北边效力，武勇过人。

军司马：梁讽，名将梁勤（音）之父，甚有谋略，善于说服。

军司马：耿夔，耿秉之弟，也是非常有统帅才能的将领。

另外，还有耿谭，吴犯（音）等，皆为锐气实足的青年将领。

此时，最高决策层中的主和派集团依然做最后的阻挠，以司徒袁安，司空任傀为首的三公九卿一再上书要求停止军事行动。并引章帝新丧，国内不稳；北匈奴远遁，胜之不义；财政匮乏，人民穷苦等力谏。虽然这些社会现象的确存在，但存续北匈奴无异于养虎为患，且攻灭匈奴的计划是在明帝时期就开始启动的，班超平西域，邓训定青煌，也都只是这个大计划的一部分。最终目的是给予中国一个稳定的外部环境，那么，在这许多小目的的进行中所遇到的阻力，也就并不能算什么，尤其到了关键时刻，当众多目的的达成形成一种动力促进向这一目标推进时，对北征（从现实意义上讲仍然是大计划的一部分）这一行动的反对，又怎能遏制整个计划的最终完成呢？窦太后作为最高权力者，在无形中也只能接受命运所交托给她的历史任务，全力支持窦宪。

公元八十九年夏，汉北征军分三路扫荡，向匈奴发起总攻。窦宪与耿秉各自率领四千骑兵与南匈奴左谷蠡王师子所率一万人的匈奴骑兵出朔方郡鸡鹿塞（内蒙古磴县西）（西路军）；南单于屯屠何，率领一万人出满夷谷（内蒙古准格尔旗西北）（东路军）；度辽将军邓鸿，率缘边羌胡志愿军八千骑兵，与左贤王安国万余匈奴骑兵出固阳塞（内蒙古包头北）（中路军）。凭借匈奴向导的指引，三路大军在涿邪山（蒙古境内古尔班察汗山）会师。于是，窦宪派出机动部队，由副校尉阎盘，司马耿夔，耿谭带领左谷蠡王师子，右呼衍王须眦等精锐骑兵一万余，与北单于会战于稽落山，大破北匈奴。匈奴军队崩溃，单于乘机逃跑，窦宪率军追击，一直达到私渠比缇海，此地距离边塞将近3千里。斩名王以下一万三千级，获得战利品马牛羊骆驼一百多万头。而北匈奴贵族闻犎须、日逐、温吾、夫渠王柳缇等八十一个部落率众归降，前后约二十余万人。于是窦宪，耿秉与部众登上燕然山（杭爱山），在山上刻石碑，令中护军班固作铭文记载汉军的功业威德。

从军事史的角度上评价,窦宪善于针对敌军弱点,及时掌握和准确判断敌军的动向,采取主动出击的战略方针,调遣优势兵力与敌主力决战。如汉三路大军汇集琢邪山后,窦宪根据北匈奴势力已大大削弱,不敢与汉军正面交战的状况,派出精骑万余,向北单于庭所在地稽落山一带运动,迫使北匈奴主力出战,并一举将其击溃。此役后,窦宪继续主动出击,盯住北匈奴主力不放,又先后在河云北、金微山取得重大战果。窦宪在作战中,十分注意扬长避短,汉军准备充分、装备精良、兵力集中,但深入大漠、远离后方、不宜久战的优弱点,以及北匈奴虽行动飘忽、反应快速,但力量薄弱,惧怕决战,且有大量老少部民拖累的实际情况,采用长距离奔袭、迂回包抄等战术,往往轻装疾进,速战速决。如包抄、夜袭河云北,长途奔袭金微山,均收到了出敌不意、以奇制胜的效果。同时,一旦逮住战机,便不轻易放弃,每次击溃敌军后,均穷迫猛打,不让敌人有喘息机会,尽量在追击中歼灭敌人。终于使延续数百年的汉匈战争得以结束。

北匈奴西迁

南匈奴附汉,北匈奴远飙。北匈奴西迁的第一站是乌孙的地盘,即现在的伊犁河上游一带,第二站是康居,也就是锡尔河上游东部。第三站为阿兰聊,这已经到了欧洲边缘。在91年到290年长达两百年的历程中,这个上天的骄子好像消失了一样。北方的苍狼为了梦中的家园,在雪地中,沙漠里艰难地跋涉。中外的史书中都找不到这个骄傲民族的记载。《波斯史》中提到三世纪末匈奴出现在阿兰聊,公元四世纪中叶,阿兰聊灭国,西方震动。从此,匈奴在西方的活动遂史不绝书。

因为北匈奴被彻底消灭,朝廷屡次要封窦宪为侯,有前次教训,窦宪本人已不再像以前那样骄恣,而是尽力顾全个人的名声和影响。他曾先后谢绝"武阳侯"和"冠军侯"的封号,并辞退封地,决然率领军队出镇凉州,可见其人也并不是真正的野心家。倒是他的几个弟弟狐假虎威,飞扬跋扈,把不该得罪的人全都得罪完了。这还不是最关键的,直接导致窦氏覆亡的是帝、后的权力之争。

盛极而衰

窦宪最后的败亡,还是出在妹妹窦太后的小白脸身上。窦宪的女婿郭举和太后通奸。郭举怕窦太后的儿子汉和帝知道后把他杀掉,居然密谋把汉和帝杀了,这种情况下,汉和帝当然不能坐以待毙。窦宪当时领兵在外,根本不知道这个情况,然而皇帝自然害怕窦宪发难。就算窦宪忠心,汉和帝还是担心那个丧失了小白脸的太后会命令窦宪报复。所以索性连窦宪一并干掉了事。和帝于是和中常侍郑众谋诛后党,窦宪被收夺大将军印绶,不久被迫自杀。

窦宪有大功于国,最后却落得如此下场,令人叹息。历史上他留下过种种"劣迹",在古今文人墨客眼中被公认为是东汉外戚专权的祸首,因而备受贬斥,以至于他的历史功绩也几乎被其罪过所掩盖了。其实,客观地分析窦宪的一生,其人品虽属下流,其有些行为亦确令人愤慨,但他对东汉王朝乃至整个中国历史发展的贡献是应该肯定的。作为当时无可争议的优秀将领,他统率汉朝大军,大破北匈奴于稽落山和金微山,登燕然山,"刻石勒功",逐北单于,迫其西迁。他的威名震撼了大漠南北,他所奠定的中国北疆新格局,是东汉光武、明、章三代的夙愿,所以窦宪的历史功绩是不应抹杀的。《后汉书》作者范晔最后评定窦宪,有"用之则为虎,不用则为鼠"之语,即寄寓悯惜之意。

历史上的窦姓名人

窦氏起于微末,前几代人都谨小慎微,故家族势力不断发展壮大,所谓持盈保泰之道。后来到了窦宪兄弟执掌朝政,他们忘记了祖先的谨慎之道,开始为所欲为,公报私仇,凡是对他们专权不满的人都被逼迫致死。窦宪率军大破北匈奴后,窦氏兄弟更加骄纵,甚至地方太守、刺史也要听从窦氏安排。汉和帝本来就深恶外戚专权,理所当然要将窦氏剪除，窦氏因为不肖子孙终归衰落。

　　窦氏地望在扶风郡，今陕西咸阳县东。窦姓人口虽不多，历史名人却出现不少。如西汉时有丞相窦婴，另外窦宪族子窦武，灵帝时为反宦官的领袖，北朝周有大将军窦毅，隋末有农民起义领袖窦建德，五代有"建义塾，教贫士"的窦禹钧，"五子登科"说的就是他的五个儿子相继登科的故事。元代的窦姓名人则有医学家窦默。他们都不同程度地为本姓族作出了贡献。

第六章　征途不息——凉州马氏

　　《元和姓纂》记载，马氏是嬴姓之后。颛顼帝裔孙伯益的后代中有一个叫赵奢的人，是赵惠文王的大臣，因大破秦军而被封为马服君，其子孙就以官为氏，即马服氏，后来逐渐改为单姓，称为马氏。马氏在发展过程中，也有一些少数民族的血统加入。东汉名将马援的后裔马腾是凉州的地方军阀，马腾又是羌女之子，即马超祖母为羌女，所以马家在血缘上与羌族有着密切联系。凭借着这样的先天优势，马家在凉州甚得羌、胡之心。马超身上就有羌胡血统，于是他得到了凉州地区羌胡少数民族的支持。那时战事纷纷，不断有少数民族和地方豪强叛乱东汉政府，马家就是因此而战功崛起，成为东汉末年军阀混战中不可忽视的一支力量。

代表人物：马援　马超
对政局影响：有马革裹尸之语，平定陇西，平定交趾
溯本追源：据说，其祖乃战国名将马服君赵奢，子孙以封号为姓
家族兴衰：汉明帝马皇后，即马援之女

◎ 马援：革囊裹尸英雄还

不为守钱奴

马援，字文渊，扶风茂陵（今陕西兴平县）人。马援的祖先是战国时的赵奢，因赵奢号马服君，所以后辈有以马为姓的。

虽然传说出自名门，但是马援年少时并没能像大多数神童那样能倒背如流、过目不忘。马援十二岁才开始读书，"尝受《齐诗》，意不能守章句"。当时有位叫朱勃的人经常拜望马援的哥哥马况，朱勃十二岁时就能背诵《诗经》《书经》，马援相形见绌、自愧不如。但是马况立刻察觉出了马援的心思，对他说："朱勃小器速成，智尽此耳，卒当从汝禀学，勿畏也。"后来的事实也正说明了这一点，"及马援为将军封侯，而朱勃位不过县令"。后来马援当官放跑了重罪的囚徒，自己就亡命于西北地区。他常对朋友们说："大丈夫的志气应是穷当益坚，老当益壮"

后来他在西北地区经营游牧，发了财，叹息说："凡是经营产业，重要的是在能救济别人，否则不过是守钱房罢了（"守钱房"或"守财奴"的名字由此而出）！"于是把全部家产分送给亲友故旧，视金钱为粪土，因为他有更高的志向。

王莽篡国，西汉覆亡。烽烟四起、群雄逐鹿。马援后来听见甘肃的军阀隗嚣喜欢招聘人才，就去投奔。隗嚣很器重他，一切事情都和他商量。

王莽新朝

新朝的创立者王莽是利用西汉末年政治腐败，通过外戚专政来夺取皇位的。王莽是汉元帝皇后王政君的侄子，平帝时王政君以太皇太后临朝称制，王莽取得大司马大将军的职位，总揽朝政。平帝死后，王莽立年仅两岁的孺子婴为帝。不到三年，王莽便于公元9年废孺子婴，自立为帝，改国号为"新"。

王莽在全国范围内推行"托古改制"的新政，由于个人局限和形势复杂，新政造成社会和经济的极大混乱，他又发动对匈奴等边境各族的战争，加上连年灾荒，物价腾贵，终于引起全国性的农民大起义，王莽被杀，新朝亡。不久，刘秀称帝于河北，建立了东汉王朝。

新朝仅存十四年，在中国历史上是很短命的王朝，它的出现只不过是西汉王朝与东汉王朝中间的插曲。

那时天下大乱，群雄并起，刘秀在洛阳称帝，公孙述在四川称帝。隗嚣派马援做间谍，去比较这两个人到底怎么样。公元28年，马援前往成都观察公孙述处的情况。他与公孙述是同乡、好朋友，一向感情很好，心想见到他时这位老朋友一定会很亲热，两人可以握手大谈往事，而公孙述却大摆派头和阔气，听见老友来到，他上殿升座，派大批侍卫两旁侍候，请他来恭恭敬敬地交拜，说些客套话，演了一番仪式，然后请马援往贵宾招待所去休息，再令裁缝替马援缝制大礼服、大礼帽，在宗庙里举行大会，召集文武百官举行正式见面礼。公孙述大摆仪仗，神气十足地赴会，会上对马援的礼貌十分周到，完全当他是最尊敬的贵客看待，礼毕之后就留他做官，要封他侯爵，请他做大元帅。马援的随从们见这位皇帝如此相敬，都乐意留蜀升官，马援却开导他们说："天下群雄正争斗得十分激烈，公孙述听到人才来到，不急急忙忙出来迎接，反而大搞一套无谓的礼节，弄得大家都像木偶一般，这种人是不能久留天下士的。"于是告辞回去，对隗嚣说："公孙述不过是'井底之蛙'，不如专心靠拢洛阳。"

公孙述

公孙述，字子阳，扶风茂陵（今陕西兴平县）人。两汉间政治人物，曾经割据蜀郡称帝。

西汉末年，以父荫为郎，补清水（今属甘肃）县长。他为官有方，一方太平，因而闻名。王莽篡汉后，任导江卒正（即蜀郡太守）。王莽末年，自称辅汉将军兼任益州牧，势力大增。

东汉光武帝建武元年（25年），自立为帝，国号"成家"，建元龙兴。

建武十二年（公元36年），东汉大司马吴汉攻破成都，尽诛公孙氏，

"成家"亡,存世十二年。

隗嚣于是派马援到洛阳去。建武四年(公元28年),马援携带隗嚣的书信到洛阳,见光武帝于宣德殿。马援到了之后,宦官引他进去,只见刘秀坐在宣德殿南海的廊下,只戴了一顶便帽,服装十分随便,笑着起来迎接,道:"你见到过几个皇帝,我穿得这样马虎,实在惭愧之至。"马援行礼之后说道:"当今之世,不但君择臣,臣也要择君。我和公孙述是同乡,年轻时很要好,我到四川时,公孙述却在殿旁排列了执刀的卫队才命我进去。我这次远来,还未坐下,你怎么知道我不是刺客坏人,为什么这样随便?"刘秀笑道:"你不是刺客,不过是说客。"马援见这位皇帝既随和,又有幽默感,心中钦佩之至,道:"现在天下大乱,称王称帝的人不知有多少,今日见你这样恢宏大度,就像汉高祖一样,才知只有陛下才是真的皇帝。"

汉光武帝刘秀

字文叔,蔡阳人,汉景帝后裔。新朝王莽末年,起兵反对王莽,昆阳之战,汉光武帝挽狂澜于既倒。王寻等百万之众,一时土崩瓦解,王莽政权的丧钟,由此而敲响。汉光武帝以偏师徇河北,平王郎,降铜马,艰难奠定中兴之基。统一天下,定都洛阳,重新恢复汉室政权,为汉朝中兴之主。政治措施皆以清静俭约为原则,兴建太学,提倡儒术,尊崇节义,为一贤明的君王。在位三十三年,谥号光武,庙号世祖。

马援回到甘肃后,隗嚣问他洛阳的情形,马援道:"我到洛阳后,皇帝接见我共达数十次。每次谈话,常常从黄昏直谈到天明。他的才能见识,实在无人可比,而且坦白之极,什么话都说,性格随随便便,就像汉高祖那样。至于谈到学问的渊博,政治眼光的敏锐,那更是前世的皇帝所不及的。"隗嚣道:"你瞧他与汉高祖相比谁强些?"马援道:"那他就不及了。高祖喜欢自由散漫,现在这位皇帝却爱守法,什么事都要讲究规矩,而且他又不喜欢饮酒。"隗嚣听他大捧刘秀,很不高兴,道:"照你这样说,那是他比高祖更强了!"但隗嚣非常信任马援,遂还是决定遣长子隗恂到洛阳作人质。马援携家属随隗恂到洛阳,后来上书请求屯田上林苑中,得到许可。

公元29年，隗嚣听信部将王元之言，犹豫摇摆，准备叛汉独立。马援深知隗嚣不是刘秀对手，几次写信责备，一再致书隗嚣，规劝他切莫动摇。隗嚣怨恨马援背叛于己，得书增怒，遂发兵拒汉。马援于是上书刘秀，尽陈剿灭隗嚣的作战方案，正式投靠刘秀阵营。

作为从隗嚣阵营"反水"过来的马援，当然具有特殊的作用。他先后写信给隗嚣手下的将领高峻、任禹、杨广等，进行离间瓦解。当时，虽然马援初入刘秀军中，但他很快赢得了诸将的好评，"诸将每有疑义，更请呼援，咸敬重焉"。公元32年，刘秀意欲亲征隗嚣，诸将大多反对。关键时刻，刘秀询问马援的意见。马援力陈隗嚣的将领已有土崩瓦解之势，同时用米堆成山谷地势，展示大军进攻的线路，来回分析，十分明白。刘秀终于下了决心，亲征隗嚣。公元33年，隗嚣败亡。可以说，虽然马援没有直接参加讨伐隗嚣的战役，但他却是隗嚣的主要掘墓人之一。

马援又致书于隗嚣之将杨广，让他劝告隗嚣，当知利害，而回心转意。杨广竟然不答。马援又劝杨广，假如隗嚣执迷不悟，可自行离去，脱离险境。建武八年（公元32年）春，来歙率兵攻占略阳，杀隗嚣守将金梁。隗嚣率数万众围攻略阳，"斩山筑堤，激水灌城"。歙与将士固死坚守，"矢尽，乃发屋断木以为兵"。闰四月，刘秀率兵征伐隗嚣，行至漆具，将领们以不宜远入险境，劝刘秀扎营。刘秀犹豫不决，正巧马援应召来到，刘秀"大喜"，以诸将之议问马援。马援分析：隗嚣将帅有土崩之势，兵进有必破之状。又以米堆成山川地形图，指画形势，说明进军路线，分析曲折，一目了然。刘秀高兴他说："虏在吾目中矣。"次日早晨，窦融率五郡太守及羌、小月氏骑数万，辎重五千辆前来助战。汉大军压境，隗嚣"众大溃"，"城邑皆降"。隗嚣逃往西城，从此一蹶不振。

马革裹尸

大凡内战之将，大多数难免有"内战内行、外战外行"的嫌疑。马援则以自己的战绩表明了他是位"外战也内行"的绝佳将才。

建武九年（公元33年），马援为太中大夫，与来歙率诸将平定凉州。

第六章 征途不息
——凉州马氏

自王莽末年以来,西羌多事,活动于金城郡属县,凉州不宁。来歙推荐马援治理凉州。

建武十一年(公元35年),马援为陇西太守。夏,先零羌攻临洮,马援发步骑三千击破之,降者八千余人。马援把他们"徙置天水、陇西、扶风三郡"。继而马援与马成进攻浩亹羌,浩亹羌逃奔允吾谷。马援潜行,袭击其营寨,浩亹羌大惊恐,徙居唐翼谷中。马援继续追击,浩亹羌引精兵占据北山,马援陈兵山下。夜令数百骑偷袭其后,放火烧山,一时锣鼓齐鸣,浩亹羌大惊,率众溃逃。马援以兵少,不便穷追,收粮畜而归。这次战斗中,马援受伤,光武帝以玺书慰劳之。

这时,朝臣议欲放弃金城。马援上书反对此议,建议以金城作为据点。得到同意,加强了金城郡的耕战守备。又令羌豪杨封,说塞外羌来和亲。于是郡中逐渐安定,民乐其业。武都氐人背公孙述来降,马援奏请复其侯王君长,赐给印绶。

建武十三年(公元37年),武都参狼羌与塞外诸族,攻杀长吏。马援率四千亲人征讨,至氐道县,羌占据山头固守,马援据便地断绝其水草,不与战,迫使羌豪率数十万户,逃出塞外,余者万余人皆降,"于是陇右清静"。

马援务开恩信,宽以待下,任吏以职,但总大体而已。傍县有人发生矛盾,吏民惊言羌反,逃入城中。狄道县长来报告,要求发兵。马援估计不是羌反,命狄道县长归守官府,如果恐惧,"可床下伏"。果然稍定,郡人服之。视事六年,征入朝为虎贲中郎将。马援一再建议重铸五铢钱,光武帝同意,"天下赖其便"。他"尤善述前世行事",讲得头头是道,使人"属耳忘倦"。又善兵策,常谋划,为汉光武帝所用。

五铢钱

五铢是一种中国古铜币,钱重五铢,上有"五铢"二字,故名。初铸于汉武帝元狩五年(公元前118年),东汉、蜀汉、魏、晋、南齐、梁、陈、北魏和隋都有铸造,重量形制大小不一。唐朝武德四年(公元621年)废止,但旧五铢仍然在民间流通。五铢是中国历史上数量最多、流通时间最久的钱币。

征侧、征贰起义

征侧、征贰姐妹,交趾(今越南)雒将之女,东汉光武帝建武十六年(公元40年)反于交趾,陷六十五城,众至数万,自立为王。十八年,光武帝命伏波将军马援率兵万余进讨,次年(43年)破之,俘征侧、征贰斩之(一说投江死),传首洛阳。

建武十七年(公元41年),交趾太守苏定依法处决了诗索。诗索之妻征侧、征贰姐妹起兵反抗,攻占郡城。九真、日南、合浦"蛮夷"起而响应,攻掠岭外六十余城,徵侧自立为王。光武帝拜马援为伏波将军,以扶乐侯刘隆为副将,督楼船将军段志等征讨二徵。大军行至合浦,段志病故,诏马援并将段志兵。马援缘海而进,随山开道千余里。建武十八年(公元43年)春,大军到了浪泊,大破二徵,斩首数千级,降者万余人。马援追二徵至于禁溪,每次击败之,其众离散。次年正月,斩杀徵侧、徵贰,传首洛阳。马援受封为新息侯,食邑三千户,犒劳军士。

交趾

交趾即越南(古称交趾国)。自中国秦朝以前,传说中的英雄雄王在现在越南北部成立国家,名叫鸿庞。秦始皇统一中原以后,为巩固南方而进侵今日越南的所在地,公元前214年,秦将越南北部归属于象郡管理,并向越南北部大量移民。

公元前204年,秦南海尉赵佗在秦末的混乱时期,自立为南越武王,越南北部成为南越国的一部分。公元前111年,汉武帝灭南越,并在越南北部地区设立交趾、九真、日南三郡,实施直接统治。在之后的一千多年时间里,越南北部交趾地区虽然屡有反抗,但是大体上一直受到中国政权的直接管辖。

1407-1428年,中国明成祖派兵灭越南,进行直接统治。1428年,黎利击退明军,自立为帝,建立后黎朝,1471年,灭占婆。1527年,后黎朝南北分裂,北部由莫登庸建立的莫朝控制,1592年后黎朝复辟,北部由郑氏家族控制,南部则由阮氏家族控制,1698年,阮氏灭水真腊(今湄公河三角洲)。1771年,爆发西山三兄弟起义,先后灭阮、郑,统一全国,建立西山朝。1802年,阮福映在法国支持下灭西山朝,建立阮

第六章 征途不息
——凉州马氏

朝,受中国嘉庆帝册封为越南国王,正式建立越南国家。

马援率楼船二千余艘,战士两万余人,追击二徵余部都羊等,自无功至居风,斩获五千余人,余众散亡,岭南悉定。马援以西于县有户三万二千,地远,奏请分成封溪、望海二县,得到许可。马援所过之处,皆"为郡县治城郭,穿渠灌溉,以利其民"。他还条奏越律与汉律乖舛者十余事,加以整顿。战事平息后,马援又果断地采用了民族和解政策,以原有的制度约束越人,自此以后,南越土著一直奉行马援的规定。

马援好骑,善于相马,曾师事于杨子阿学习相马骨法。他在交趾时,销熔所得骆越铜鼓,铸成象生马一样的模型,其"高三尺五寸、围四尺四寸"。还京时,送上之。汉光武帝下诏立于洛阳宣德殿下,以为名马式。

一般的开国元勋们,在功成名就之后,想的更多的是怀抱娇妻,尝齐人之福;膝绕幼子,享天伦之乐。但是马援并不这么想,他的高尚之处也在于此。他从交趾返回时,平陵人孟冀迎接慰劳他。马援说:"方今匈奴、乌桓尚扰北边,欲自请击之。男儿要当死于边野,以马革裹尸还葬耳,何能卧床上在儿女子手中邪!"忧国忧民之心,溢于言表。

马援还京仅三个月,就于当年十二月率兵屯驻襄国。次年(建武二十一年,公元45年)秋,马援率三千骑出高柳,巡行雁门、代郡、上谷障塞。乌桓侦察而知汉军出动,便退散而去,马援无获而还。

老天似乎也愿意给这位老将军最后的表现机会,建武二十三年(公元47年),武陵五溪"蛮"抢掠郡县。汉光武帝遣武威将军刘尚征讨,"战于沅水,尚军败殁。"次年,遣谒者李嵩、中山太守马成征讨,仍无战绩。已经六十二岁的马援请求将兵征讨,汉光武帝担心他年事已高,不许。马援说:"臣尚能被甲上马。"汉光武帝令他试骑。马援"据鞍顾眄,以示可用"。汉光武帝笑道:"矍铄哉是翁也!"遂令马援率中郎将马武、耿舒、刘匡、孙永等,带领四万余众征讨五溪"蛮"。马援夜与送者诀别,对友人杜愔说我已年老,常恐不得死国事。今获所愿,甘心瞑目。他只是担心权贵子弟不听调遣。

公元49年，马援率军到达临乡，老将军虎威犹存，斩杀、俘获蛮兵二千余人。在继续征讨的过程中，遇到了困境。当时面前有两条道路，一条路近但很险恶，另一条坦荡运输线很长。副将耿舒主张保险，走坦荡的路。作为老将的马援自然期望兵贵神速，坚持走险路。于是汉军按马援的意思行军。当时天气酷热，很多士兵患瘟疫而死，马援自己也被传染。可他依然蹒跚跛脚察看敌情，左右随从也无不感动落泪。终于，马援因为老迈体衰，没能逃过瘟神的魔爪，一代名将陨落在蛮荒之地，真正实现了自己"马革裹尸"的誓言。

身后寂寞

英雄的身后总是寂寞的，更准确点说，应该是悲哀。

早在马援兵困于崎岖水道中时，他的副将耿舒就上书抨击马援的军事决策，认为大军陷于瘟疫险阻之地徒劳无功都是马援的责任。耿弇将此信呈给皇帝。光武帝乃遣虎贲中郎将梁松前往责问马援，并代替马援监督诸军，这时马援已经病死。

梁松是皇帝之婿，颇为娇贵，有一次他去问候生病的马援，拜于床下，马援"不答"。马援因是松父之友，身为长辈而不答礼小辈。梁松则恃皇亲而记恨在心。这时马援虽然已死，他仍然怀恨，遂借故陷害。光武帝因而大怒，收回原先赐给马援的新息侯印绶。

马援在交趾常吃薏苡的果仁，用以"轻身省欲，以胜瘴气"。班师时，曾载回了一车。时人以为他带回来珍宝，权贵们都怨望忌妒，只是没有及时发作。马援死后，有人上书诬告他当初用车载的全是上好的珍珠与犀角。马援的妻子儿女又慌又怕，不敢将马援的棺柩运回祖坟，只是草草埋在城西。他门下的宾客旧友，没有人赶来祭吊。一代名将竟落得如此下场，怎不令人感叹不已？后来马援家属才知蒙冤，经过多次申诉，才得到皇帝谅解，以丧归葬。同乡故人朱勃上书，说马援"以死勤事"，应当得到公平的待遇。词语恳切，情义可嘉。

马援死后多年，公元60年，也就是东汉明帝永平三年，明帝刘庄怀念创立东汉中兴大业的功臣，于是在南宫云台画上邓禹、马成、吴汉、

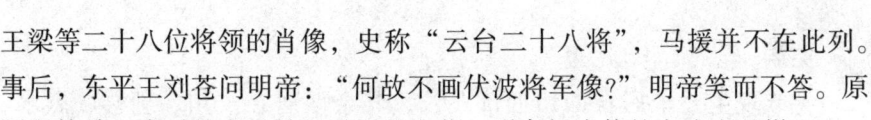

王梁等二十八位将领的肖像，史称"云台二十八将"，马援并不在此列。事后，东平王刘苍问明帝："何故不画伏波将军像？"明帝笑而不答。原因很简单，当时的皇后就是马援的女儿，明帝想为他的老丈人避嫌。

◎ 马超：神威之烈

骠骑奋身

马超，字孟起，因穿白袍银甲，骑白马，人称"锦马超"，扶风茂陵（今陕西兴平东北）人，名门望族，三国时期蜀国大将。马超从小生活在羌族地区，因此当为羌族人。"神威天将军"这就是羌人给予马超的评价。

马超

马超，生于公元176年，死于公元222年，蜀国五虎大将第四位。字孟起，右扶风茂陵（今陕西省兴平县）人，出身于凉州豪强家庭。东汉末年随父亲马腾起兵打仗，任偏安将军、封都亭侯。父亲马腾被曹操用计杀害后，领兵为父报仇。建安十六年（公元211年）进攻曹操，与许褚大战于潼关，后被曹操用反间计打败，逃回凉州，又被扬阜等杀败，逃往汉中归附张鲁。后投归刘备，攻取成都时立下大功，拜骠骑将军，领凉州牧，封乡侯。用一杆长枪，有神威将军的美名，是三国时期的名将。勇有余，谋不足。后病死。

要说马超就不得不先说他爹马腾和所谓的结义叔父韩遂。马腾字寿成，是东汉名将马援的后代。马腾的父亲在天水兰干做官，后来失官流落到陇西，与羌人错居，因为穷只好娶了羌女为妻生下马腾，马腾少时家贫，全靠砍柴卖柴为生。他身长八尺，体貌雄异，性情贤厚，人多敬之。那时西凉战事纷纷，不断有少数民族和地方豪强叛乱东汉政府，马腾就是因此而战功崛起。

羌族

羌族现主要聚居在四川西部茂汶，其余散居在汶川、理县、黑水、松潘等地。羌族自称"尔玛"，意为"本地人"，其族源可追溯至三千多年前的左羌人。早在三千年前，殷代甲骨文中就有关于羌人的记载，他们主要活动在中国的西北部和中原地区。秦汉以来，古代羌人中的冉、（马+龙）部落居住在今川西北一带。唐时，一部分羌人同化于藏族，另一部分同化于汉族。今天的羌族是古代羌族人中保留下来的一支。羌族无本民族文字，通用汉文，但有自己的语言。羌语属汉藏语系藏缅语族，分南北两大方言。

韩遂字文约，金城人，他和马腾相比没有夸耀的远祖，但俨然也是小世家。他父亲和曹操是同一年的孝廉，和曹操多少有些旧识。他和同郡的边章都很有名，典略上说韩遂进京的时候，何进听说他的名气与其相见，韩遂乘机说出要早些除掉宦官，却被何进拒绝，韩遂就找机会溜回家了。

马腾、韩遂也是借"黄巾之乱"的东风而登上历史舞台的弄潮儿。公元184年，趁"黄巾之乱"，东汉朝廷无力西顾之际，羌中胡人北宫伯玉，湟中义从羌首领李文侯，联合边章起义，声势浩大，东汉朝廷派董卓、皇甫嵩围剿，皇甫嵩借镇压黄巾起义之势，却屡战皆北，终于换了张温进行招安。韩遂、马腾见好就收，一个被封为"镇西将军"，一个被封为"征西将军"，李榷、郭汜之乱时，两人见势大好，趁火打劫，没想到被李榷打败，退守西凉，坐看诸侯纷争。

黄巾起义

中国东汉末年，张角领导的一次有组织、有准备的全国性农民起义。因起义军头戴黄巾为标帜，史称黄巾起义。黄巾起义和在它影响下的各族人民起义，持续了二十多年。由于起义农民本身的弱点，起义被残酷镇压。黄巾之乱对于东汉末年的政局造成了非常重大的影响，为了尽快平定战事，东汉中央下放军权至地方，使得黄巾之乱无法快速蔓延至全国，减缓了东汉覆亡的时机。但是却造成了地方轻视中央，使得具有野心的将领或是官员，借着黄巾之乱的兵力割据地方，为东汉末年军阀混战揭开序幕,并为三国分立种下远因。

马腾与韩遂,原来关系比较密切,但时日一久,渐生嫌隙,反目成仇,互相攻杀,韩遂的部属王承趁马腾在外收集粮食时,屠杀马家上下百余口,马超的亲生母亲也在此次屠杀当中身死。于是两人以右扶风为战场,厮杀不休,钟繇坐山观虎斗,在关中采取召集人口,恢复农业,发展商业等一系列措施,马、韩两人斗得筋疲力尽时,才派张既为说客,说服两人听从朝廷。马、韩元气大伤,在钟繇的强势之下,只得将自己的儿子送往许昌。后来马腾受封为征西将军,举家迁至邺城,只留下马超这支队伍。

钟繇

钟繇,字元常,河南长葛人,是三国时曹魏政权的大臣,曾任长安太守,魏国太傅等职务。当时著名书法家,据说楷书就是他最初衍化出来的。他也是灭蜀的主将之一司空钟会的父亲。在书法方面,与王羲之并称"钟王"。

公元197年即建安二年,曹操派钟繇打着朝廷大臣的旗号,率三千军马向关中进发。关中诸将见曹操舍关中而远征张鲁,怀疑他的目的不在张鲁,而是用伐虢取虞之计,于是,十部皆反,拥众十万,屯据潼关。这十部包括马超、韩遂、侯选、程银、杨秋、李堪、张横、梁兴、成宜、马玩。据载,当西凉各部得到这一消息时,马超决定弥合与韩遂的世仇,等到韩遂回来,马超对韩遂说:"东边的人不可相信了,现在马超抛弃在朝廷做人质的父亲,以将军您为父,将军您也当抛弃在朝廷做人质的儿子,以马超我为子。"此话说得相当露骨,怪不得后来马超到汉中时,有人暗中指责他连父母都不爱。这样,抛子弃父的韩遂马超共同起兵,其余小军阀以韩遂资历最老,所以推举他为都督。

曹操派安西将军曹仁引兵抵挡,严令各军不得与马超接战。七月,曹操亲征,有人劝说"马超的关西军异常强悍,没有足够的实力恐怕不太好办。"曹操满怀信心地说"战不战在我,不在马超。他有长处,我偏偏让他使不出来。"八月,曹操兵至潼关,曹仁等已经守了五个多月,马超数万大军远道而来粮草就是个大问题,而且各部将领并非同心协力,貌似强大的西凉军隐藏着严重的隐患。见到曹操主力的西凉军，和曹军隔着潼关扎营。这时如何能够越过潼关天险却成了一个难题，徐晃说，现在丞相的大军集结于此，而马超等不敢分兵守蒲阪，可见敌军无谋。我可引精兵渡蒲坂津，绕过潼关。曹操当即派遣四千步骑由徐晃，朱灵夜渡蒲阪津，刚渡完河，还未做成堑栅，梁兴就率步骑五千余人攻来，却被徐晃打败，曹军终在河西立住脚。其实，马超也想过应该在渭北守卫，只要不让曹军渡到河西，要不了二十天，曹军必定因缺粮而退兵。可是韩遂听了却说，"那还不如趁曹军主力渡河将半的时候狠狠来一下更直接。"马超也没有坚持。曹操听说后叹道："马超不死，吾无葬地也。"

徐晃

徐晃，字公明，东汉时河东杨县（今山西洪洞县东南）人，中国三国时期曹操麾下的将领，曹操部下"五子良将"之一。原为军阀杨奉的部下任骑都尉。公元196年，曹操击败杨奉后投靠曹操。参与多次重大作战，智勇双全，战功卓著，治军有方。曹操曾称赞徐晃："徐将军可谓有周亚夫之风矣。"在曹操军中历任裨将军、偏将军、横野将军、平寇将军。官渡之战中烧毁袁绍的后勤粮草有功，加封都亭侯。曹丕称帝登基后官拜右将军，封逯乡侯，后进封杨侯。击败刘备于上庸后，驻守阳平关，改封阳平侯，假节钺，食邑3000。徐晃对曹氏集团忠心耿耿，曾说过："古人患不遭明君，今幸遇之，当以功自效，何用私誉为！"公元227年病死，死后谥壮侯。

处处受压制的西凉军向曹军挑战，却被拒绝，这离起兵之时已过了八个多月，无奈之下，只好接着派人求和。曹操心中暗喜，定下计策。曹操分别与韩遂、马超单马对话。因为曹操和韩遂多少有些旧识，曹操见面的时候只说些先前的旧事，俨然一幅老友相见的样子。事后马超等人询问韩遂，韩遂却说不出个所以然来，只说两人谈些京都旧事，这别人哪里肯信，在这求和的关键时刻，谁不想多为自己捞点好处。轮到马超面对曹操，马超恃勇欲捉曹操，却发觉曹操身后有个人在瞪着他。他忽然想起一个人来，就是号称虎痴的许褚。就问道："公有虎侯者安在？"曹操指指旁边，许褚的眼瞪得更大了，马超未敢妄动。西凉军士气跌落如此，是没人再想打了。当时很多西凉军都争先恐后一睹曹操,曹操笑道:"汝欲观曹公邪?亦犹人也,非有四目两口,但多智耳!"看到谈笑自若的曹操本人,西凉军很是感慨,又看到曹操身后有五千铁骑以整齐的方阵排列,旗甲宣明,更是让熟悉骑兵的西凉军惊叹。没几天,曹操给韩遂写了封信,信里全是涂涂改改,更让马超等人认为韩遂欲盖弥彰。西凉军内部疑神疑鬼,和谈无法继续,只好孤注一掷重新对战。可此时西凉军全无斗志,曹操先以轻兵对付了一阵,等到西凉军士气疲乏之时,才投入精锐骑兵进行致命打击。结果成宜、李堪当场战死,韩遂马超远遁凉州,杨秋北奔安定,程银、侯选南入汉中,梁兴逃入蓝田。

许褚,字仲康,深得曹操信任,与典韦一起统领曹操的虎卫军。人称"虎痴",曾拼死保卫曹操。与马超交战时,单挑不分胜负。

西凉重甲步兵

汉末西凉曾经有一支剽悍的军团,就是马超的部队。推测历史上剑应该是马超军团近战的主要武器,他们的步兵防御时使用巨大的橹盾,如同城墙,从盾牌缝隙里突击,剑,恐怕是最好的武器。不过,马超军团应该只是这种特殊部队的一个雏形,因为他的部队中还有很多剽悍的羌族骑兵。西凉军团使用剑的纪录在汉末可见实物而记载残缺不全,但是到晋代,却得到进一步发展,其中最有名的就是《资治通鉴长编》中记载过。不过西凉重甲军团的弱点也很明显,就是适合阵地战而机动较差,西晋灭亡前夕,为了挽救危亡曾经再次调集西凉重甲步兵保卫首都,结果这支部队依然是不败之师,数次打败匈奴大军的进攻,但可惜城中没了粮食,好好的一支精锐军团全被饿死,西晋也就走到了自己的历史尽头。

曹操从长安出兵北围安定,杨秋投降。正要趁势围剿其他人时,忽然河北传来消息,田银、苏伯在河间造反了,一时间,幽、冀两州都大受震动。曹操生怕留守邺城的曹丕应付不了,决定撤军。建安十七年(212),曹操退兵,听到这一消息,当时的凉州参军杨阜劝阻曹操:"马超有韩信、英布之勇,甚得羌胡之心。若大军归还,陇上诸城恐怕一夜皆反"。曹操并未在意,认为他留下夏侯渊继续讨伐,一战失败的马超恐怕没什么大做为了。年底,马超利用他在羌胡的威信又重新起兵,不幸为杨阜言中，陇上郡县纷纷倒戈，只剩下冀城因为还有凉州刺史韦康和杨阜坚守没有投降。

家破军亡

建安十八年（213年），马超尽得陇西所有部队，又得到张鲁派大将杨昂所率援军的帮助，集中1万余人进攻冀城。马超军将冀城重重围困，从正月一直猛攻到八月，朝廷救兵也没到来。韦康便派别驾阎温出城向驻军长安的夏侯渊告急。阎温乘夜从水中潜出，可惜第二天马超的士兵发现了水迹，跟踪捉获了阎温。

马超解开阎温的捆绑劝说道："如今成败已定，城破只是早晚的事，你为这座孤城被抓实在不值得。你要是听我的告诉城里不会来救兵了，说不定能转祸为福，我能饶你一命。"于是就拉着他让他到城头下喊话，说东方没有救兵，想以此瓦解城中守军斗志。没想到阎温假装答应，来到城头时却对城大呼，"救兵三日就到，请诸位勉力守城！"城中的人看到这悲壮的一幕，无不痛哭流涕更加坚定了死守的信念。马超气的大喊："你难道不想活了吗！"阎温缄口不答。但马超攻不下城，想不到别的办法，还希望能说服阎温，问道："难道你想你在城中的故人也和你一起死吗？"阎温早就下了必死的决心回答说："忠臣有死无叛，你还想让我这样的长者说出什么不义的言语吗？"至此，马超也不抱什么希望，就把他杀掉了。

阎温说的三天转眼即逝，可是连援军的影子都没有。韦康有些熬不住了，就和太守商量着要投降。杨阜号哭道："我等率父兄子弟以义相励，有死无二，当年田单之守，也不过于此。如今却要放弃这垂成之功，反而自取不义的名声。"韦康听不进他所说的话，因父亲和马腾有点关系，可能认为马超会对他有所宽容。没想到城降之后，马超根本不屑与其见面，直接将他砍了头。这一次又显现了马超的不仁和不智。这时曹操才令夏侯渊率军驰援冀城，未到而冀城已落入马超之手。当援军进至距冀城200余里时，马超军出城迎击，夏侯渊军与战失利。此时，又有氐人首领起兵响应马超，夏侯渊恐腹背受敌，遂

第六章 征途不息
——凉州马氏

率军撤回。

占领冀城后的马超自称征西将军,领并州牧,督凉州军事。那位杨阜跑到了历城见他的表哥抚夷将军姜叙,同见的还有姜叙的母亲。见到杨阜很是悲伤,姜叙问其原因。杨阜说:"守城不能完,君亡不能死,亦何面目以视息于天下!马超抛弃父兄背叛朝廷,又擅自杀戮官员,不止我,州里的人都以为耻辱。表哥你拥兵却没有讨伐逆贼的心思,这也是一种杀人啊。马超虽然一时强盛,却因为没有信义使手下的人不能心服,多有反叛,不难对付。"姜叙的母亲听完马上表态说:"刺史遇害,你也应该负责,不单是义山(杨阜的字)。人谁不死,死于忠义,得其所也。你现在赶快起兵讨伐马超,我不会拖累你的。"于是姜叙与同郡赵昂、尹奉、武都李俊等合谋讨超,又联系上冀城梁宽、赵衢做内应。当时赵昂的儿子赵月在冀城作人质,赵昂问他妻子:"要万一出事,这孩子怎么办?"他妻子大义凛然的说:"为了报君父韦康大仇,命丢了都不在乎,更何况一个儿子!"如此可见马超失人心至此。

于是杨阜劝说诸将以所属兵力铲除马超,为韦康等报仇雪耻。姜叙又与赵昂、尹奉、李俊等人,秘密磋商讨伐马超的谋略。他们先派人进入冀城暗中结交梁宽、赵衢,使他们在城中作内应。九月,杨阜与姜叙率兵袭击卤城(今甘肃礼县境),赵昂、尹奉进兵占据祁山城(今甘肃西和东北)。马超闻讯大怒,赵衢趁机故意怂恿马超亲自出城进击。马超不知是计,哪知他前脚出城,后面梁宽、赵衢就紧闭城门,把马超的妻儿老小全部屠杀。马超无处可走,正好路过历城。历城的人只听说马超逃到了汉中,以为这是姜叙的军队就没有防备。结果马超轻易地就俘获了姜叙的母亲,姜母面对马超大骂:"你这个背叛父亲的逆子,杀害府君的恶贼,天地都不容你,你还有什么脸活在这世上!"马超这时怒极,杀掉姜母和赵昂之子赵月,然后率军与杨阜决战。杨阜亲自上战,双方都带着刻骨的仇恨,此战杨阜兄弟战死七个,自己更是身被五处重伤,终于将马超击败。经此战,马超拥兵割据的势力被消灭。

曹操亦于建安十七年诛杀其父马腾,夷其三族。三国演义中,曹操是先杀马腾，而后超起兵为父报仇。这是罗贯中希望突出马超之起兵乃为父报仇，而另一方面亦可把曹操写成为陷害忠良的奸臣。

寄寓他人

走投无路的马超只好投奔汉中的张鲁，张鲁刚开始还高兴能得到这样的猛将，想把女儿嫁给他。有人提醒他说"这样连父母都不爱的人，怎会去爱别人？"张鲁猛然醒悟，于是打消了重用马超的念头。

其实马超对亲属遇害之事也深为难过，心中仇恨难消。马超当年未与曹操作对时，他妾的弟弟叫种的居留在三辅。马超兵败来投，种已先在汉中。正旦，种向马超祝寿，马超搥胸吐血，说道："一家百口，同日丧生。如今剩我二人，还祝贺什么！"过完节，马超又向张鲁求兵出祁山围住姜叙等人。姜叙向夏侯渊求救。还没等夏侯渊赶到，马超就败退了。这是他有生之年最后一次踏在凉州的土地上，这一年马超39岁。

张天师与五斗米道

张陵于汉代顺帝安元年在鹤鸣山声称受太上老君之命，封为天师之位，得新出"正一盟威之道"，创立天师道。天师道创立是中国道教创立之始。张陵本人为太学生，为黄老道徒。张陵结合四川民俗进行了改造，他以清约治民，不但救民疾病，又断绝淫祀淫盗，整饬社会风气，深得民心。张陵于桓帝永寿三年去世，其子张衡行其道。后来巫人张修篡夺了教权，于汉灵帝中平元年秋七月，组成号称"五斗米师"的道民军队，攻夺郡县，呼应了中原太平道的黄巾起义。益州牧刘焉于汉灵帝中平五年入蜀，镇压了蜀中的黄巾军，收编了张修的五斗米师，封张修为别部司马。张衡之妻以道术养生，有少容，往来刘焉家布道。刘焉悦其姿色，遂任命其子张鲁为督义司马，张鲁后袭杀张修，夺回了教权。刘焉死后，其子刘璋立，因张鲁不顺，遂杀其母及弟。张鲁于是自立于汉中。张鲁利用军政权力在巴蜀建立了一个道王国，张鲁教团仍有收五斗米的教规，尊其祖张陵为天师，父张衡为嗣师，自号"师君"。张鲁教团自称天师道，社会上俗称为五斗米道。

第六章　征途不息
——凉州马氏

马超在汉中遭到的最后一击是妒贤嫉能，张鲁部将杨昂因忌马超才能，而屡屡向张鲁进谗。马超见张鲁难成大事，又遭到张鲁部将杨昂的嫉妒，心中抑郁不平。时刘备正围攻成都，日久不下，知马超情况后，派江宁督邮李恢前去劝说。马超便从武都逃入氐中，给刘备写密书请降。

刘备得信大喜，说："我得益州矣"，于是派人迎接马超，让他先停下来，暗地拨给他不少士兵，增加他的兵威。然后，命他率兵直逼成都城下，屯驻城北。不明消息的刘璋看到马超的旗号，惶惶不可终日，没十天就投降了。不到十天，慑于马超的威名，便打开北门投降了刘备。对于马超的到来，刘备想得比张鲁更久远一些，虽然此人名声不好，但毕竟危难之时投奔自己而来，以刘备招才纳士的一贯风格绝对不会拒绝，更何况马超本人在西凉有相当的威慑力。

虽然马超投奔蜀汉，但总的来说马超的人生已经到了末路了，他本身和蜀汉君臣也没什么渊源。关羽听说马超到来，写信问诸葛亮超人才可谁比，诸葛拍关羽的马屁说"孟起兼资文武，雄烈过人，一世之杰，黥、彭之徒，当与益德并驱争先，犹未及髯之绝伦逸群也。"关羽很高兴，还到处拿给宾客显摆。在诸葛亮的心目中，马超只是与西汉黥布、彭越、三国张飞并驾齐驱的一员勇将而已。

从表面看，马超很受重用。马超投奔蜀汉后即被刘备授予"平西将军，督临沮，因为前都亭侯"。而当刘备当上汉中王后，又封他为左将军。此外，在其他的官吏眼中，马超也是一位才智出众，能自立一方的豪杰。然而就是因为他的才能使他的处境更加微妙。

马超在辅相蜀主的日子里承受着巨大的压力，才智根本得不到施展，而在谨慎恐惧中度过余生，没有什么大的作为。首先，马超在关中反复叛乱、抛父弃子的经历使蜀汉君臣对马超有极强防范意识，极其担忧他叛逆作乱。而马超处处小心，尽量尊重蜀主，尽职尽忠。在《上刘备为汉中王表》中，马超排在第一位，显示其在推戴刘备为汉中王的事情上是倡议者和主要参与者，以此显顺从之忠心。《山阳公载记》也有一则被裴松之指摘为不实的记载：

超因见备待之厚，与备言，常呼备字，关羽怒，请杀之。备曰：

"人穷来归我，卿等怒，以呼我字故而杀之，何以示于天下也！"张飞曰："如是，当示之以礼。"明日大会，请超入，羽、飞并杖刀立直，超顾坐席，不见羽、飞，见其直也，乃大惊，遂止不复呼备字。明日叹曰："我今乃知其所以败。为呼人主字，几为关羽、张飞所杀。"自后乃尊事备。

裴松之从人之情理、当事人的活动情况等方面入手驳斥此载失实，"秽杂虚谬"，然而此则故事恰好折射出当时已广泛流传着马超受到蜀汉君臣防范这一事实。

《三国志·彭羕传》也客观地披露了马超当时的危惧处境：羕闻当远出，私情不悦，往诣马超。超问羕曰："卿才具秀拔，主公相待至重，谓卿当与孔明、孝直诸人齐足并驱，宁当外授小郡，失人本望乎？"羕曰："老革荒悖，可复道邪！"又谓超曰："卿为其外，我为其内，天下不足定也。"超羁旅归国，常怀危惧，闻羕言大惊，默然不答。羕退，具表羕辞，于是收羕付有司。马超听闻彭羕逆语即默不作声，事后立即表呈其辞，告发其事。这种出卖对己真心相待之士以尽忠于蜀主、求全于己身的作法显示了马超当时难于自保周全的恶劣环境。

综合马超在蜀汉政权中的表现来看，他确实也完全臣服于蜀汉君主，处处小心只求自保，再也没有什么雄心壮志了。

章武二年（222年），刘备正准备发动夷陵之战，当时马超已经身患重病，命在须臾，死前上书刘备：自己一家二百余口人被曹操杀的差不多了，已经没有什么人了，只有一个弟弟马岱，希望陛下能好好待他！当夜马超去世，享年四十七岁。刘备追谥马超为威侯，其子马承嗣。马岱后官至平北将军，进爵陈仓侯。西凉马家经历过三次灭门之祸，第一次是韩遂，第二次是曹操，第三次是张鲁。张鲁将马超最爱的小儿子马秋折断脖颈，从城墙上掷下。马超一生可谓悲凉之极。

历史上的马姓名人

马氏地望在扶风郡,今陕西咸阳县东。马姓是当今中国第十九大姓,在历史上涌现过许多杰出人物。例如上面提到的马氏,东汉时期马姓名人不断登上政治舞台,马融,当时的经学家、文学家;马武,东汉名臣。汉以后,还有南宋抗金义军将领马扩、以《汉宫秋》闻名剧坛的元代杂剧家马致远、元末画家马琬、清代学者马建忠等马姓名人,台湾国民党主席马英九也自称为马援之后。另外,据说马超的后代远赴亚美尼亚,成为当地抵抗波斯侵略的民族英雄。

第七章　才如江海命如丝——河西班氏

班源出于芈姓。据《名贤氏族言行类稿》记载，班姓出自楚国。春秋时，楚国若敖（即熊仪）的孙子斗榖于菟（楚人称"乳"为榖，称"虎"为"於菟"），字子文，相传他出生后就被遗弃于诸梦泽，吃虎乳长大，因为虎身满布斑纹，所以姓班，其后世子孙亦称班氏。秦灭楚后，子文的后代迁往北方的边境晋、代之间。西汉末年，群雄并起。史学家班彪在甘肃天水避难，跟随了在那里拥兵割据的隗嚣。后来他到了河西，成为大将军窦融的幕僚，又经窦融推荐，被汉光武帝征召，任为涂县令。不久因病免官，专心史籍。他有三个很了不起的儿女，即长子班固，次子班超，女儿班昭。

代表人物：班超　班固　班昭。
对政局影响：班超出使西域，班固、班昭写成《汉书》。
溯本追源：东汉扶风平陵人，其父班彪是当时史学和文学名家。
家族兴衰：班固受窦宪谋反案牵连，死于狱中，班超在镇守西域31年，受封定远侯。

第七章 才如江海命如丝
——河西班氏

◎ 班超：孤独的征服者

投笔从戎

一千九百年前的一个平淡秋天，班彪家里欢天喜地，因为他又有一个儿子降生了，他就是未来的西域征服者——班超，但当时可没人知道。其父是当时最著名的儒学大师，他也因此被培养成一个儒生，从小接受父亲严格的教诲，饱读诗书，但相比他那天才早慧的哥哥班固及妹妹班昭，他被称道的美德只是对长辈孝敬恭谨和不辞劳苦，在学问方面似乎乏善可陈，而他的不修细行、疏朗豪迈更使他成为家族中的另类。父亲死后家庭生计陷入困境，班固继承了父亲的遗志，潜心修业，而养家的担子落到了班超的身上。

突然的厄运改变了这一家人的命运。班固被人诬告，以私修国史的罪名逮捕进京。班超随之进京营救，他向皇帝上书鸣冤，并得到召见。汉明帝对他的胆略和口才留下了深刻印象，可能也是因此，明帝亲自审查了那些被指控为"大逆不道"的著作。由此，班固的作品得到皇帝的赏识，并因祸得福，被提拔为兰台令史，负责国史的编修工作。后来明帝召见班固时，还问起了他那个胆略过人侃侃而谈的弟弟。听说班超只是靠为别人抄书为生，明帝也让班超充任了兰台令史。

这个职位对班固可以说适得其所，但对班超而言，抄书修史却不能让他感到快乐和满足。他越来越难以忍受枯燥的文牍工作，一天突然投笔而起，发出"大丈夫当效张骞立功异域，安能久事笔砚间"的感慨。

西域的征服者

在他四十岁那年，机会终于来了。奉车都尉窦固出兵击匈奴，让班超任假司马。假司马是一个职位很低的武官，"假"的意思也就是代理，意即代理司马,但班超在战斗中屡立战功,他率领一支分队攻打伊吾,与匈奴交战于蒲类海,斩得很多首级回来。

汉朝人发迹有两条道可以走,一是做官,二是军功,这样班超就小有一点资本了,得到了窦固的赏识,继而任命他与文官郭恂组成大使团去和西域各国联络。这样,班超一直想仿效张骞的梦想终于得以实现了。但当时的西域国际政治斗争形势远比张骞时代复杂,班超开始就遇到了严峻的考验,汉朝大使团到了鄯善国(今罗布淖尔附近)的小国,鄯善王开始接待他们时嘘寒问暖,很是无微不至,后来态度发生了180度的大转弯,变得爱理不理的。班超心思细密,知道出了问题,于是对他的随从人员说:"这一定是有匈奴使者来了,使鄯善国王不知道该服从谁好的缘故。"于是叫来一个鄯善的接待人员,诈唬他说:"我知道匈奴的使者来好些天了,现在住在哪里?"这人一慌张害怕,就全部承认了。班超于是关押了这个人,免得走漏口风,然后就和他一起出使的三十六个人开动员大会,说:"我们现在离汉朝有几千公里,跑都没处跑。如果让鄯善王把我们缚送到匈奴去,我们就要被匈奴人送去喂狼了。不入虎穴,不得虎子。现在的办法,只有用恐怖手段了,乘夜晚用火进攻匈奴使者。他们不知我们有多少人,肯定乱作一团,可以歼灭掉!匈奴使者一死,鄯善王就失掉了政治砝码,我们使节团就立大功了。"众人提议说:"要不要和郭书记商量一下。"班超恼火地说:"时间就是生命,郭书记是个摇笔杆子的,没见过大场面,听到这事指不定会因为害怕而暴露计划,我们搞不好就全军覆没了,不如一切听我指挥。"天一黑,班超就带领兵士奔袭匈奴使者营地。正好当天刮大风,班超吩咐十个人拿了军鼓隐藏在匈奴使者屋后,约定说:"见到火焰燃烧,就擂鼓大声呼喊。"其余人都带上刀剑弓弩,埋伏在门的两旁。班超于是顺风点火,前后擂鼓呼喊,匈奴人果然一片惊慌。班超亲手杀死三人,官兵斩杀匈奴使者及随从人员三十多颗头,剩余一百多人都被烧死。次日,才回去告诉郭恂。郭恂大惊,脸都吓白了,但一会儿又由白变红,班超看透他在想心思,安抚他说:"没让你一起行动,主要是考虑你的安全,我班超也不会独揽功劳,放心吧!"郭恂于是面露喜色。班超于是把鄯善王请来,将匈奴使者的头给他看,举国震恐。班超明白地告诉、又安抚宽慰他,于是鄯善王交纳王子作为人质。众人回去向窦固汇报。窦固十分高兴,立马向朝廷写报告表彰班超的功劳。汉明帝当然也惊叹班超的勇气,指令窦固继续

第七章　才如江海命如丝
———河西班氏

任命班超做军司马，让他再立新功，班超于是再次出使，窦固想增加他的人马，班超简单回绝道："原来的三十余人就够了，人多反而成为累赘。"

西域的范畴

历史上所指的西域，并没有一定的范围，而且西域各国的名称也随时代变迁而经常改变。佛教史上的西域，是指印度佛教兴起之后，由陆路东传中国所经的地区，大致上包括西元前三世纪大月氏统领下的大夏及阿富汗斯坦一部分、迦湿弥罗、今旁遮普一部分、安息国势力范围下的波斯北部、康居国势力范围下的底栗弋（Sagdiana）等地。

过了不久，班超果然只率领他的三十六人出使于阗国（今和田）。当时，于阗王在西域南道称雄，匈奴遣使者监护其国，掌握着国中的实权。于阗国王对班超及其部下的到来很冷漠。该国国民都非常相信巫术。有巫师言："你们留容汉使将惹天怒，汉使有一匹浅黑色的马，马上去取来献给我。"国王便派人向班超要马。班超要求巫师亲自来取，不一会儿巫师就大摇大摆地来了，班超一刀就把他的头砍了下来，以送国王。于阗人早就听说班超在鄯善诛灭匈奴使者的事迹，非常地惶恐，立刻杀了匈奴的使者投降汉朝了。由于鄯善的归降，西域南路的一些小国也纷纷仿效，如此，丝绸南路的通道就此打通了。第二年，班超为了打通西域的北道，率领他的手下向天山最西端的疏勒国进发了。那里和洛阳相隔一万零三百里，非常的遥远，而当时的疏勒国王被他的邻国龟兹所杀，另立了一个名叫兜题的龟兹贵族做了疏勒的国王，不满之情溢于疏勒全国。班超派遣手下叫田虑的先前往劝降。班超授计田虑智擒兜题，立新王，疏勒国人非常高兴。由于有了班超和其他汉朝将领的雄才韬略以及汉朝的强大实力，西域各国纷纷归附于汉朝。当时西域各国传着一句话叫"倚汉与依天等。"可见汉朝人在西域的地位和威力。由于班超在西域的活动和东汉军队攻击匈奴取得的胜利，到了公元74年，西域的大部分地区已经脱离了匈奴的统治。于是，东汉政府在西域设置了西域都护府及戊己校尉府，任命陈睦为都护、耿恭为戊校尉，关宠为己校尉。耿恭并派人去联络乌孙，和乌孙恢复了旧日的友好关系。多年以来，西域各国屡次要求东汉政府设置西域都护的愿望，至此才得以实现。

汉朝与西域

汉武帝上位不久,从少数投降的匈奴人口中得知了西域一些情况,主要是月氏人的国王被匈奴杀了,于是汉武帝想联合月氏,让匈奴腹背受敌,于是派张骞出使大月氏,结果被匈奴擒获,后来张骞逃到大月氏,但月氏国王死后是他的妻子继承了王位,当时大月氏国生活安定,不愿再生战事,结果张骞无劳而返。虽然没有达到目的,但张骞对西域的情况已非常了解(他此次出使共用13年之久),后来汉武帝又派张骞去结交身毒(今印度)结果又没有成功,但他熟悉了沿途情况。后来卫青消灭匈奴主力后,张骞再次出使西域,终于和乌孙结亲,一起对付匈奴,并且结交了大宛、大月氏、康居、大夏等国。从此以后,西域各国开始正式和汉朝往来,而中国的丝绸也通过西域辗转运到欧洲、西亚。闻名于世的"丝绸之路"就是这个时候开通的。汉朝与西域各国的交通路线主要有两条:天山南路、天山北路。汉朝先进的冶炼生产技术、丝绸等物品和科学文化,透过这两条主要干道传到葱岭以西,直到欧洲,对世界文明的发展具有伟大的贡献。西方的物产,如家畜、苜蓿、葡萄、胡桃等植物,也陆续传到中国。佛教从印度向西北,越过葱岭,传入了中国。

北匈奴失去了对西域的统治后并不甘心,公元75年,发兵围攻汉朝西域戊己校尉府所在地金满城(今吉木萨尔)和柳中城(今鲁克沁)。耿恭因为金满城距水源较远,主动退到疏勒城(今吉木萨尔县境内);柳中城被围困后,因无援而被匈奴攻陷,同年11月,北匈奴攻陷了都护陈睦的驻地,这几个据点是班超活动的后勤基地,东汉政府派兵把耿恭等残兵20余人从大雪中救了出来后,就全放弃不管了。班超从此孤立无援,而龟兹等国屡屡发兵攻打疏勒国。班超固守盘橐城,与忠于他的疏勒国前后呼应,兵少势单,但仍坚守了一年多。汉章帝当时刚刚登基,考虑西域后勤基地也没了,恐怕班超势孤力单,难以立足下去,就下诏班超回来。班超就准备回国,疏勒举国震恐,有一个叫黎弇的督尉竟以刀自刎,死前说:"我实在不忍看见班超离开,因为他一离开,我们必被龟兹所灭。"班超途中来到于阗国,国王大臣全都悲号痛哭,纷纷抱住班超坐骑的腿使之无法动步。由此可见班超在西域的威望之深,班超看到这一幕幕西域人民伤心欲绝的场景,又想实现自己最初的志向尚未完全实现,于是决定抗命,返回疏勒。果然,疏勒国中有两座城池自从班超离去,一眨眼的工夫又重新投降了龟兹国,联兵叛汉。班超捕杀了叛降者,疏勒国重新安定下来。班超在疏勒住

第七章 才如江海命如丝
——河西班氏

下来的时候,西域的形势已经有了很大的变化。西域已经没有了东汉政府的官方力量,匈奴占据了天山以北和山南北道的广大地区,并切断了疏勒通往内地的通路,班超孤立地处于包围圈里。这种情况下,班超首先击败了疏勒附近的匈奴,解除了对疏勒的威胁,巩固了据点。然后又把莎车争取过来。最后凭借着南道诸国的支援出击匈奴。公元 78 年,班超率领疏勒、拘弥(今于田境内)、于阗(今和田)等国的"国际联军" 1 万人,攻破了役属匈奴的姑墨石城(今阿克苏县境内),进一步解除了匈奴的威胁。此前班超与东汉政府失去了联系。他孤守疏勒和在西域的活动东汉政府并不知道。班超巩固了根据地以后才给东汉政府上奏折,建议增兵保护西域。东汉政府才派兵千人增援班超。这以后,班超便主要依靠西域各国的力量阻止了地区之间的纷争,逐步削弱了匈奴在天山以南的势力。匈奴被窦宪打败西迁,尔后班超在西域采取坚壁清野的军事行动使南亚贵霜帝国入侵的七万大军不战自退,公元 91 年天山南北路各地大都重新归向了东汉。于是,东汉政府又设置了西域都护府和戊己校尉府,任命班超为都护。正是由于班超的崇高威望和胆略,使他不依赖中原物力人力,使汉朝的声威远播至于东罗马帝国,这样少的支援取得这大的成就,班超远远超越了他的时代。

无双谱

无双谱纹饰起源于清顺治金古良(字墨禅)所著《无双谱》书,据说《无双谱》出版于康熙三十三年(1694 年),书中收录的汉宋名人 40 位,书中称赞这 40 位名人为绝世无双,故书名为无双谱。自康熙朝起,无双谱人物便成为瓷器上常见纹饰,道光到同治朝一直盛行,瓷器无双谱画通常图文并茂,深受瓷器收藏者喜爱。

漫漫黄沙路

超越时代的人注定孤独,班超远离朝廷,正是小人们进献谗言的好机会,建初八年,卫侯李邑上书说开通西域的事业难以成功,又大力诽谤班超拥抱爱妻、抱着爱子,在西域享乐,没有顾念国内的心思。班超知道后,慨叹无奈,于是让其爱妻回国。章帝还是明白人,知道班超的忠诚,所以痛切责备李邑,并命令李邑听从班超的节制调度,诏告班超:"如果李邑能胜任在外事务的话,便留下办事。"班超随即派李邑带领乌孙国的王子还归京城。友人对班超说:"这个李邑亲口诋毁你,想要破坏你在西域的事业,如今你何不借着诏书留下他,好好整治他,干嘛放他回国呢?"班超微微一笑,说:"就是因为李邑诋毁过我,所以今天派他回去。我自己反省没有毛病,为什么要害怕别人闲言碎语?为了自己私心报复的一时痛快而把他留下来,并非忠臣啊!"

汉代使节中的武者

汉代的外交较先秦时代有了很大发展,进入中国古典外交的一个开拓创新时期,频繁的外交还需要选拔大批使节,根据不同的外交目的需要派遣不同的外交使团,因而汉代外交使节的人选也就具有多样性的特点,大略而言,主要为文、武两方面的人才,文者主要为"辩士",武者主要为"勇士"(壮士),两者则以后者为主。

秋去春来,三十一年过去了,班超自己感到在西域往得太久了,年老思念故土。汉和帝永元十二年(公元100年),他上一篇著名的表书感情真切,文笔优美,这里摘录如下:

"臣听说周武王把姜子牙封于齐国之后,从他开始直至五代,死后都返葬在关中的周地,狐狸临死时,还尽力将脑袋向着出生的洞穴;北方边塞的马南来以后,仍旧依恋北风。周、齐两地同在中原千里之间,何况我处在遥远的西域,臣下我也有依恋北风、头向故土的思念啊?西域人的风俗,贵壮贱老。臣班超如狗马衰老牙齿掉光,时常害怕不知道那一天忽然死去,孤独的灵魂被抛弃。臣不敢奢望回到酒泉郡,但愿活着进入玉门关!臣衰老多病,该死瞎说。恭敬地派我的儿子班勇随着献礼的队伍进入边塞。趁臣还活着的时候,让我出生在西域的儿子班勇亲眼看看中原母国吧!"

表书上奏,可是这样的情真意切,仍然无法打动皇帝,被搁置三年之久,因为西域实在无人可代替班超,迫不得已,妹妹班昭以皇后之师的身份冒死上书汉和帝,终于调班超回汉。

公元102年八月,那年班超七十一岁。在多方的努力下,年迈的他终于回到了久别了三十一年的大都——洛阳。当年跟随他一起出征西域的三十六位部下,没有一个人随他回来,他们都长眠在茫茫的西域沙丘之下。班超回来时也没有受到英雄般的欢迎,班超一直患有胸部及两侧疾病,回来后,病情加重。在这一年的九月,班超就与世长辞了,距离他回到洛阳的时间不到一个月。班超的爵位由他的长子班雄承袭,班雄之子班始还成为皇室驸马,然而下场却十分悲惨,班始的妻子阴城公主

第七章　才如江海命如丝
——河西班氏

不但公开淫乱，还对班始百般侮辱，班始忍无可忍，拔刀杀死了这个骄横无耻的女人，被腰斩，他的同胞兄弟姐妹也都被杀弃市。班超离开西域后，继任者任尚既没有他的才能，又不得人心，没过几年，班超建立的西域联盟就分崩离析了，各国又纷纷反叛了汉朝，东汉政府只好派班超的次子班勇去平服叛乱，班勇自幼随父生活在西域，一直到班超暮年，才回到了洛阳，此次又出使西域，这一去便再也没有回来。

班超在生前和死后都是孤独的，他的功业依靠的是超越时代的个人勇气、坚韧和智慧。当时没多少人能理解，除了建功立业的欲望，是什么推动了他远在天边的绝域长达三十年的奋斗。而他的儿子仍然要面对用兵西域有何益处的质问。在中原人看来，这片广袤的土地没有丝毫用处，只意味着没完没了地花钱，无穷无尽的麻烦，"夷狄之民"毫无信义可言，在这个国用日促，危机四伏的年代，"威德遍于四海"简直就是好大喜功。后世的文人墨客更是把班超描绘为舍本逐末、求名忘生的嘲讽对象。如晁补之"功名浪语，便似得班超，封侯万里，归计恐迟暮。"等，似乎可怕的不是庸碌一生，而是不能寿终家宅。在日益因循苟且、精神萎靡、信心衰退、思想封闭的漫长历史中，班超的身影越走越远，终于模糊不见。

伟大的丝绸之路，见证了两千年历史的沧桑之变，多少帝国在此兴盛灭亡，多少异域文化在此交汇，多少悲喜剧在这里上演，这条路经过多少胡商贩客，驿马戍卒，弘法的僧侣，求道的信徒。这是世界上最长的一条道路，独一无二的道路，长久以来人们只是赞叹她整体上的伟大，却从来没有人试图去回忆和了解这条道路上蚂蚁般个人的旷世雄心，班超，他只是这条漫漫黄沙路上一个匆匆而过的孤独行者。

伟大的丝绸之路

"丝绸之路"，是古代连接亚欧的东、西方商贸通道的总称。丝绸之路有数条干线和支线，有草原丝绸之路、绿洲丝绸之路、海上丝绸之路和西南丝绸之路。通常所说的丝绸之路，是指绿洲丝绸之路。位于丝绸之路要冲的西域，是历史上世界民族大迁徙的十字路口，是东西方文化交流荟萃之地。中原文化、古罗马文化、波斯文化、阿拉伯文化、中亚文化和印度文化都曾通过丝绸之路在这里粉墨登场。

古代丝绸之路起点是中国的长安，长安是汉朝和唐朝的国都，当时各地丝绸和其他商品集中在长安以后，再由各国商人组成商队，浩浩荡荡爬上陕甘高原，越过乌鞘岭，经过甘肃武威，穿过河西走廊，到达当时的中西交通要道敦煌。另外青海也是丝绸之路的重要通道，再往西便是新疆的塔克拉玛干大沙漠。丝绸之路经河西走廊到达新疆后分为三路：

北道，是经伊吾（今哈密）、北庭（今吉木萨尔）、到乌鲁木齐，然后经过石河子、阿里麻里（今霍城）、伊犁抵达黑海沿岸；

中道，是经吐鲁番、焉耆、轮台、库车、温宿、喀什，翻越帕米尔高原抵达地中海；

南道，是经阳光、若羌、且末、于田、莎车，过阿姆河抵达伊斯坦布尔。

◎ 班昭：反对女权的才女

班家有好女

班昭是班超的妹妹，与哥哥不同，她尤擅文采。由于父亲班彪是当代的大文豪，班昭本人常被召入皇宫，教授皇后及诸贵人诵读经史，宫中尊之为女师。因为那时人的寿命比较短，所以汉朝人成婚年龄比较早，班昭十四岁时就嫁给同郡的才子曹世叔为妻，以个性而论，曹世叔活泼外向，班昭则温柔细腻，夫妻两人恰能相互弥补，因此生活得十分美满。

班昭当时是著名才女，她的文采首先就表现在帮她的哥哥班固修《汉书》，这部书是我国的第一部纪传体断代史，与《史记》齐名，人们后来称赞它言赅事备。班昭的父亲班彪，在世时就开始了这部书的写作工作，父亲死后，她哥哥班固继续完成这一工作。班固九岁能文，博览众书，九流百家之言无不穷究，也是一个奇才，不料就在他快要完成《汉书》时，却因窦宪一案的牵连（窦宪是当朝著名外戚，为皇帝所忌，族诛），死在狱中，班昭痛不欲生，她接过亡父亡兄的工作继续前进。幸好班昭还在班固活着的时候就参与了全书的纂写工作，后来又得到汉和帝的恩准，可以到国家图书馆东观藏书阁参考典籍，加上她的天赋文采，所以写起来得心应手，终于完成了这一家族使命。

《汉书》当时出版以后，获得了汉朝知识界极高的评价，学者争相传诵,《汉书》中最棘手的是第七表《百官公卿表》,第六志《天文志》,这些内容一方面要有政治经验,另一方面要有科学知识,而这两部分恰恰都是班昭在她兄长班固死后独立完成的,而且班昭还谦逊地仍然冠上她哥哥班固的名字。可见班昭的学问十分精深,当时的大学者马融,为了请求班昭的指导,还跪在东观藏书阁外,乞求聆听班昭的讲解!

冒死上书

汉和帝永元十二年,班超派他的儿子班勇随安恩国入贡的使者回到洛阳,带回他给皇帝的奏章,如前所述,奏章中表达了出一种浓郁的叶落归根的思想,然而当时奏章送上去之后,三年后朝廷仍不加理会。班昭想到死去的哥哥班固,对年已七十,客居异乡的哥哥班超,情不可遏,于是不顾一切地给皇帝上书,说道:"小女的哥哥西域都护定远侯班超,以区区微功得蒙皇上重赏,实在愧不敢当。他蒙陛下神灵保佑,得以三十年来转战沙漠而无恙,但当时跟随他的部下,都已不在了,单单留下班超这一七十老翁,浑身是病,须发皆白,扶着拐杖才能走,就是现在想竭尽全力报答天恩,已经力不从心。当地边民又轻视老人,见班超这一老头早晚要死,朝廷又久不派人续职,总有一天要起兵叛乱的。小女听说古代人十五岁当兵,六十岁就可以回家了。现在班超年已七十,小女冒死上书皇上,请您准许他回家吧!"

班昭代兄上书,说得合情合理,丝丝入扣,汉和帝览奏,也为之戚然动容。特别是文中的最后两句,引用周文王修建宫殿时,掘地得死人骨头,而厚葬之。战国魏文侯之师田子方,见魏文侯抛弃他的老马,以为忘恩负义,非仁也,于是收而养之。两则故事明讽暗示,汉和帝认为不再有所决定,实在愧对老臣,于是派遣戊己校尉任尚出任西域都护,接替班超。

这样,班昭终于以她的文采和才情使她的哥哥班超得以回朝。新西域都护任尚抵达后,班超一一予以交代完毕,任尚对班超说:"我资历太浅,经验不足,您可以教我一些治理西域的经验吗?"希望班超对他治理西域给一些忠告,班超语重心长地说:"塞外的这些汉朝吏士,本来就不是什么孝子贤孙,都是因为犯罪充边的;而当地土著又很不开化,很难保持和睦关系。我现在看你是个急性子,你要明白水过清就没有大鱼,不要过分催逼，宽恕小过，坚持原则就可以了。"但班超走后，任尚私下对亲信说大话："我以为他有什么奇计妙策，今天听他说的都很普通嘛！"后来任尚不能借重班超的经验，果然导致了西域动乱，不得不由班勇出面收拾局面，这是后话。班超回到洛阳，他离开西域疏勒时本已有病，来不及和妹妹好好地聊聊，加以旅途劳顿，回家仅仅一个月就病逝了。

汉书

《汉书》，又称《前汉书》，我国第一部纪传体断代史，一百二十卷。其主要记述起于汉高祖元年（前206年），止于王莽地皇四年（23年），囊括了西汉一代（包括短暂的王莽政权）二百三十年的史事，是继《史记》之后我国古代又一部重要史书。

女主帝师

班昭以她的文采，完成了哥哥班固的《前汉书》打动汉和帝的心，使哥哥班超回归洛阳，她不仅是一位博学多才，品德俱优的史学家和文学家，她还是位政治家。汉和帝在班超死后不久驾崩了，皇子刘隆生下来才一百天，就嗣位为孝殇帝，邓太后临朝听政，不到半年，殇帝又死，于是以清河王刘祜嗣位为孝安帝，孝安帝才十三岁，邓太后仍然临朝听政。邓太后以女主执政，班昭以师傅之尊得以参与机要，竭尽心智地尽忠。邓骘以大将军辅理军国，是太后的兄长，颇受倚重，后来母亲过世，上书回去守孝，太后犹豫不决，问策于班昭，班昭认为："大将军功成身退，此正其时；不然边祸再起，若稍有差池，累世英名，岂不尽付流水？"邓太后认为言之有理，批准了邓骘的请求。班昭71岁年逾古稀而逝，与哥哥班超同寿，皇太后为她素服举哀。班昭14岁嫁给同郡曹世叔为妻，夫妻生活十分美满，后来生了一个儿子。但好景不长，不久丈夫就病故了，她便早早开始守寡，以后也不曾再嫁，在感情上一直孤单着。

这样有才情的女子，却在妇女地位问题上持保守的态度，著名的封建社会女子教科书《女诫》就是她写的，《女诫》包括：卑弱、夫妇、敬慎、妇行、专心、曲从和叔妹七章。本是班昭用来教导班家女儿的私家教科书，不料京城世家却争相传抄，不久之后便风行全国各地，其中有如下几条影响深远：

在"卑弱"篇中，班昭引用《诗经·小雅》中的说法："生男曰弄璋,生女曰弄瓦。"认为男性如璋玉,女性则如瓦石,女人生来就不能与男性相提并论,必须"晚寝早作,勿惮夙夜;执务和事,不辞剧易。"才能克尽本分。

在"夫妇"篇中,则认为丈夫比天还大,还须敬谨服侍,"妇不贤则无以事夫,妇不事夫则义理坠废,若要维持义理之不坠,必须使女性明晰义理。"

在"专心"篇中,强调"贞女不嫁二夫",丈夫可以再娶,妻子却绝对不可以再嫁,在她的心目中女性离婚再嫁,简直是不可思议的悖乱行为,事夫要"专心正色,耳无淫声,目不斜视。"

在"曲从"篇中,教导妇女要善事男方的父母,逆来顺受,一切以谦顺为主,凡事应多加忍耐,以至于曲意顺从的地步。

这一部《女诫》影响了中国社会以后两千多年的发展,从此妇女们坚守三从四德,成为家庭的奴隶,有人因此说,中国封建社会的道德伦理教育使妇女无独立人格,成为男人的依附品。班昭积极参加对女性自己的奴化教育,不仅是个受害者,也是一个历史罪人。笔者认为不能这样评论,因为任何人的行为都不可能超越当时的历史条件和政治氛围的影响。此后出现的《女史箴》《女则》《女孝经》《女论语》《内训》《闺范》《女学》等一系列的跟风之作,但都再也达不到《女诫》这样的高度了。

◎ 班固:文章穷而后工

继承家学

班彪在甘肃躲避兵乱时,他的长子班固出生了。在家父的影响下,班固九岁能文,博览众书,九流百家之言无不穷究,被时人视为神童。16岁进入洛阳太学,系统学习儒家经典,并开始致力于汉史的研究。司马迁之后,许多人采集时事以接续《史记》,但都因水平有限,无法与《史记》对接。班彪博学多才,对于《史记》及续写《史记》的情况作了细心的考察，不拘泥于司马迁的定式，在批判继承的基础上"继采前史遗事，傍贯异闻，作后传数十篇"，为后来班固撰写《汉书》奠定了坚实的基础。

班彪去世后，班固回乡守丧，承继父志，在班彪所著《史记后传》的基础上编撰《汉书》。后来有人上书朝廷，恶意中伤，告他私改国史，班固因此被明帝捕入京兆大狱。弟弟班超闻讯，急忙赶赴宫廷，替他辩白。这时地方官也将书稿送到，明帝看后，非常赞赏班固的才华，不但没有加罪，反而任命他为国家图书馆馆长，并命他奉诏修史。汉章帝时，班固多次被召入宫侍读，并随驾出巡。对于朝廷大事，也常奉命发表意见，与公卿大臣讨论。公元79年，汉章帝效法西汉宣帝石渠阁故事，在白虎观召集名儒讨论五经异同，并亲自裁决。班固以史官兼任记录，奉命把讨论结果整理成《白虎通义》，又称《白虎通德论》。

班固同时也是一个著名的赋作家，撰有《两都赋》《幽通赋》等名篇，以《两都赋》最为有名，它通过西都（长安）客人和东都（洛阳）主人的论辩，展开了对西都景象和东都气象的描述，探讨了返都长安和定都洛阳的重大政治问题。在体制和手法上《两都赋》模仿司马相如的《子虚》和《上林》，但也有一定的开拓性，比如在赋作中引入了对政治问题的探讨，增宽了视野，不仅描写天子游猎，而且描写了两都的日常生活，后来这篇著作成为了汉赋的代表作，提到汉赋是不可不提的。

汉赋

汉赋是在汉代涌现出的一种有韵的散文，它的特点是散韵结合，专事铺叙。从赋的形式上看，在于"铺采擒丈"；从赋的内容上说，侧重"体物写志"。汉赋的内容可分为5类：一是渲染宫殿城市；二是描写帝王游猎；三是叙述旅行经历；四是抒发不遇之情；五是杂谈禽兽草木。而以前二者为汉赋之代表。

汉赋在结构上，一般都有三部分，即序、本文和被称作"乱"或"讯"的结尾。汉赋写法上大多以丰辞缛藻、穷极声貌来大肆铺陈，为汉帝国的强大或统治者的文治武功高唱赞歌，只在结尾处略带几笔，微露讽谏之意。

第七章 才如江海命如丝
——河西班氏

朝廷罪人

班固坚持了 20 多年,终于在公元 82 年,基本完成了《汉书》编写工作,但有些篇章还在继续补充和修订中。可是天有不测风云,班固终究没有能亲手完成这部巨著,班固与大将军窦宪关系很亲密,窦宪远征匈奴,班固在军中任中护军,参预谋议。此后几年,班固一直都在窦宪幕中服务。公元 92 年,窦宪在朝廷里的政治斗争中失败,被迫自杀,班固受窦宪一案的株连,先被免官,随后又遭逮捕,死于狱中酷刑下,时年 61 岁。

因为班固是东汉朝廷定罪的人,他的很多事迹都被官方有意掩盖,我们现在只能从《汉书》来观察班固的为人了,《汉书》在中国古代享有很高的声誉,是"四史"之一,但一般认为它在许多方面都难以同《史记》相提并论。班固修《汉书》实际上是奉旨进行,并且班固本人具有强烈的正统儒家思想,文风也较为"醇正",他对《史记》的评价是:"其论术学崇黄老而薄五经,序货殖则轻仁义而羞贫穷,道游侠则贱守节而贵俗功。"所以,在《汉书》中很难看到司马迁那种深刻的批判意识和张扬的激情。但班固仍不失为一个严肃而有才华的历史学家,《汉书》中有不少出色的人物传记。如《李广苏建传》《张禹传》《霍光传》《王莽传》《外戚传》等,都是公认的名篇。

《李广苏建传》感人至深,堪与《史记》的名篇媲美。其中写到投降匈奴的李陵(李陵当初领兵五千出战匈奴八万骑兵,在矢尽援绝的情况下不得已投降匈奴,而汉武帝却将其家满门抄斩,定其为叛国罪。)以老友身份来看苏武,告诉苏武他的两个弟弟因为侍奉天子不周而相继自杀、其妻改嫁、其子女下落不明,想以此来说降苏武,但是苏武毫无所动,让李陵肃然起敬。当苏武"苦忍十九年"终可归汉时,李陵来为他送行,此节写得异常精彩。

于是李陵置酒贺武曰:"现在您就要回汉朝,扬名于天下,算是前无古人后无来者罢。我李陵这个人庸碌怯懦,假如当年汉朝念在苦战降敌的份上,赦我之罪,起码留下我的老母,我必然会潜伏匈奴,将有所作为。但汉朝却族诛我全家,鸡犬不留,我李陵的心已经死了!唉,这些都过去了,现在向您表白我的想法稍稍舒缓我的苦闷。我李陵已经是异域之人，今与汉朝一别永绝！"随后李陵站起兀自舞蹈，边舞边歌："径万里兮度沙幕，为君将兮奋匈奴。路穷绝兮矢刃摧，士众灭兮名已隤，老母已死，虽欲报恩将安归？"泪流满面，最后与苏武告别之后，不顾而去。这段描写尽管是用对照的手法进一步突出了苏武崇高的品格精神，但是更揭示出降将李陵的悲剧命运，人物描写鲜活真实，读来让人嗟叹不已，是否班固写这段文字的时候是对自己的命运心有所感呢？王蒙曾这样自嘲过："中国作家为什么伟大的不多？就是因为作家自杀的太少了。我也属于可怜的愚昧者，做不成也不会去自杀。"

历史上的班姓名人

班氏地望在扶风郡，今陕西咸阳县东。班氏有很多才气横溢的才子、才女。如班伯，是西汉末年一位精通《诗》《书》《论语》的学者，其弟班斿、班稚也以俊才见称于朝廷；班稚的女儿班婕妤贤才通识，深受汉成帝的宠幸。因谗被汉成帝冷落后，作赋自伤，其辞赋千百年来被传诵不绝；班稚的儿子班彪、孙子班固，孙女班昭，是《汉书》的作者。《汉书》先由父亲班彪动笔撰写，后被班固、班昭兄妹完成。除上述数者外，班氏家族的勇士也不少。如西汉越骑校尉班况、西域名将班超、班勇等，都是其中的代表人物。唐朝有名人班宏、班景倩。

第八章　荣誉甲门谁知晓——高阳耿氏

耿姓起源有二：据《史记·殷本纪》记载，商王祖乙曾把国都迁至邢（今河南温县东）。《史纪·索隐》云："邢音耿。"后来国都迁往亳（bó），而留在耿的部分王族以耿为姓，称耿氏。耿姓的第二个起源是源于西周时的姬姓小国耿（今山西河津县西南），耿君子孙以国名为姓，亦称耿氏。耿弇、耿秉都是东汉名将。尤其是耿弇，在《后汉书》中，光武所有的开国功臣都是几个人合起来作传，唯独耿弇是一个人列传，可见他在东汉开国时的分量。

代表人物：耿弇　耿秉
对政局影响：光武开国功臣，为汉朝著名军人世家。
溯本追源：今陕西兴平东北人，仕宦之家
家族兴衰：耿氏战功显赫，与汉朝同休。

第八章 荣誉甲门谁知晓
——高阳耿氏

◎ 耿弇：再世韩信

少年英雄

耿弇（"弇"音掩，与掩同意，是遮掩的意思），字伯昭，扶风茂陵（今陕西兴平东北）人，光武中兴名将。汉明帝时图画功臣，列为云台二十八将之一。他生于官宦之家，祖上原住巨鹿，汉武帝时，迁徙郡国吏民豪杰到茂陵，耿家遂以二千石官吏身份迁于此，其父耿况为上谷太守。耿弇年少好学，熟习父业。由于常看到郡尉考选骑士时建旗设鼓、肄习驰射的场面，由此喜好将帅之事。

王莽灭亡，更始帝刘玄继立，将领们大都握有重权，擅作威福，动不动就撤换原来的郡守、县令。耿况本是王莽任命的，因而心存疑惧，不能自安。时耿弇二十一岁，见父亲为难，便自请进京贡献礼物，以求安稳。耿弇到宋子县（今河北省赵县东北），适逢王郎假冒汉成帝的儿子刘子舆在邯郸称帝起兵，势力很大。跟耿弇一起来的郡吏都商议，要就近投靠王郎。耿弇手按宝剑，凛然说："王郎是叛贼，没前途，你们去投他没好下场。从人不听，归顺了王郎。只剩下耿弇一个人，他听说刘秀当时在卢奴（河北定县），于是就单身去投奔刘秀。当时刘秀四面楚歌，处境很危险，可见耿弇是很能识人的。

耿弇和刘秀一见如故，刘秀将其留下，为门下吏。他劝刘秀去上谷（北京昌平地区）他父亲耿况的地盘立足，建立革命根据地，刘秀笑说："小儿曹乃有大意哉"意思是说你这个小伙子居然有这么大的志向啊。于是，几次召见他，厚加恩慰。

耿弇便跟从刘秀北上，结果刚到蓟县，王郎的追兵就来了，刘秀准备放弃原计划南归，召手下将领商量方略。耿弇说："现在追兵在南方，所以我们不能向南走。渔阳太守彭宠是主公您的同乡；上谷太守是我的父亲。得到这两个地方的支持,控制数万骑兵,邯郸的王郎不足虑也"。刘秀的心腹官员都不同意这个毛头小伙子的话,众将都说我们死也要死在南方,不会向北方自投罗网的。这时候刘秀力排众议,他觉得北上才是出路,于是指着耿弇对众人说:"(耿弇)是我北道主人也"(《后汉书·耿弇列传》)。这样一个初出茅庐的小伙子,能让刘秀说出这样的话,充分体现了对他的信任。

刘秀与昆阳之战

也称新汉昆阳之战。公元23年,绿林农民起义军攻下昆阳(今河南叶县)等地。新帝王莽派王寻、王邑率军四十二万反扑,以十万人围攻昆阳。起义军主将王凤率八九千人苦战死守,并派刘秀等突围求援。刘秀调集起义军一万多人来援,选精兵三千突破莽军中坚,城内守军乘势出击,内外夹攻。莽军大败,王寻被杀,昆阳之围始解。

然而时逢蓟县有人作乱,响应王郎要捉拿刘秀,刘秀率兵仓卒南行,手下属官各个离散。耿弇也和刘秀失散了,他一个人逃回昌平,说服父亲耿况派寇恂(二十八宿第五)到渔阳与彭宠定约,各发突骑二千,步兵千人。耿弇和景丹(二十八宿第十)、寇恂以及渔阳郡将士合兵南下,来应刘秀。

当时刘秀正在进击王郎,谣传上谷、渔阳二郡兵马为救王郎而来,部众都很担心。而刘秀却坚信耿弇是投奔自己而来,等到耿弇等人到刘秀营中拜见,人们才放下心来。刘秀大喜,对耿弇等人说:"当与渔阳、上谷士大夫共此大功"(《后汉书·耿弇列传》)当即任命他们为偏将军,仍然统率本部兵众,加封其父耿况为大将军、兴义侯,允许他自置偏裨。耿弇等人随军攻克邯郸,平定河北灭王郎,建立光武帝的最初基业,此中耿弇为第一功。

文武无双

更始帝刘玄见刘秀声威日盛,君臣疑虑。更始二年(公元24年),刘玄立刘秀为萧王,让他罢兵,率领有功将领回长安。刘玄同时派心腹苗曾等人接管刘秀千辛万苦打下的地盘。此时刘秀内心非常矛盾,即不想交权受人宰割，又没有决心公开叛刘玄，在邯郸宫白日昼寝。正在此关键时刻，耿弇独自闯到刘秀床前，对他说：

"今更始失政，君臣淫乱，诸将擅命于畿内，贵戚纵横于都内。天子之命，不出城门，所在牧守，辄自迁易，百姓不知所从，士人莫敢自安，掳掠财物，劫掠妇女，怀金玉者，至不生归。元元叩心，更思莽朝。又铜马、赤眉之属数十辈，辈数十百万，圣公不能办也。其败不久。公首事南阳，破百万之军；今定河北，据天府之地。以义征伐，发号响应，天下可传檄而定。天下至重，不可令它姓得之。闻使者从西方来，欲罢兵，不可从也。今吏士死亡者多，弇愿归幽州，益发精兵，以集大计"（《后汉书·耿弇列传》）。

大意是说：如今刘玄当皇帝，诸将也各干各的，刘玄的皇亲国戚在长安横行霸道，百姓反而怀念王莽，由此可见刘玄必败。应当由您来定天下。

马钱

马钱，也称作打马格钱，是一种自北宋开始盛行起来的钱形博戏工具，一直到明代初期仍有铸造，它虽非流通货币，但仍为钱币收藏家们所喜爱，颇有收藏研究价值。

马钱除少数仅为马形或骑马将军图案，一般都是有图有文，图文并茂。有的一面铸有马形图案，一面铸以二字或四字的马名；有的一面铸有骑马将军或马形图案，一面铸以四字的将军名或职官司名；也有一面为马形图案及二字马名，一面为光背；或两面为相同的马形图案及马名；还有两面均为文字的马钱。总之，种类很多。

汉更始帝

更始帝刘玄（卒于25年），字圣公，南阳蔡阳（今湖北枣阳县西南）人，中国两汉之际绿林军建立年号更始政权的皇帝。汉光武帝刘秀的族兄。

刘玄才智平庸，性格懦弱。他一朝为帝，便沉湎于宫廷生活，即位后将政事都委托于自己的岳父赵萌，放任其专权。赤眉军攻入长安后，刘玄投降赤眉。赤眉将张卬为绝后患，派人将其缢死。刘秀即位后，封其为淮阳王,将其葬于霸陵(今陕西长安县东)。

刘秀听后大喜,当下任命他为大将军,和吴汉一起到幽州去调发所属十郡的兵力。耿弇到上谷,收斩苗曾等人,调发幽州兵马,引军南下,跟随刘秀击破铜马、高湖、赤眉、青犊等农民军,又追击尤来、大枪、五幡、元氏等部。作战中,耿弇经常亲率精锐骑兵为先锋,屡立战功,敌兵当者避易,望风披靡。刘秀即位后,任命耿弇为建威大将军,当时耿弇才二十二岁。

耿弇身经百战,他所率领的精锐骑兵在当时真是让敌人闻风丧胆。耿弇在河北跟从光武后,平王郎,消灭河北的群盗,破邓奉,进剿彭宠,战隗嚣。诸战之中,最让耿弇声名大振的就是平山东张步的战役。

张步是割据齐地的一方之雄,建武二年(公元26年),耿弇向光武帝请求攻齐,并保证平齐。五年,奉命讨伐。以剧县(今山东昌乐西)为都城的张步命其将费邑率军驻历下(今山东济南),分一部驻祝阿(今济南西),在泰山至钟城(今泰山北)一线列营数十,准备迎击耿弇。耿弇避开张步的泰山防线,渡过黄河,进攻祝阿,破城前网开一面,让守军逃向钟城。钟城守军也跟着溃逃,费邑命其弟费敢退守巨里(今属济南)。耿弇兵临巨里城下,命令加紧准备攻城器械,扬言三日后攻下巨里。又在从历下至巨里的道路旁坡地设伏兵,准备围城打援。三日后,费邑果然来援。耿弇闻讯大喜,率部居高临下袭击援军,阵斩费邑,取其首级向巨里城内示威。费敢及其部属吓得弃城逃归剧县。耿弇将守军四十余营垒全部攻占。张步令其弟张蓝率精兵两万守西安(今山东淄博东北),另派万余人守临淄(今山东淄博东北)。耿弇进军西安和临淄之间的画中。西安城小而坚,临淄大而难守。耿弇扬言五日后攻西安,到时却突然袭击临淄,半日而下。张蓝弃西安而撤回剧县。张步见临淄一失,剧县难守,便集中20万军队进行反攻,想乘耿弇立足未稳,收复临淄。耿弇闻讯后上书已到达鲁(今山东曲阜)的光武帝说:"臣据临淄,深沟高垒。张步从剧县来攻,疲劳饥渴。欲进,诱而攻之,欲去,随而击之。臣依营而战,精锐百倍,以逸待劳,以实击虚,旬日之间,步首可获。"随即派一

第八章 荣誉甲门谁知晓
——高阳耿氏

支部队到淄河引诱张步来攻。张步追至临淄东门外,耿弇乘其与守军激战时,自率精兵侧击张步营垒,予以重创。战斗中,有流矢射中耿弇的大腿,耿弇挥刀断矢,继续战斗。第二天,耿弇得知张步要撤,事先设伏兵于张步的退路,掩杀张步军,一直追到钜洋水(今山东寿光西),迫使张步投降。

耿弇以数万兵力大破张步二十万大军后,光武帝率大军才刚刚来到,原计划的增援变成了犒劳。光武帝对耿弇说:"昔韩信破历下以开基,今将军攻祝阿以发迹,此皆齐之西界,功足相方。而韩信袭击已降,将军独拔劲敌,其功乃难于信也。"意思是说:过去韩信破历下,现在耿将军攻祝阿,这都是齐地的西面,功劳相当。但韩信袭击已降,耿将军独拔劲敌,其功又难于韩信。光武帝说耿弇的功劳与齐王韩信相当,而建功的难度则在韩信之上,可见光武帝对耿弇的评价之高。

光武帝想起耿弇先前在南阳献策,又说"将军前在南阳建此大策,常以为落落难合,有志者事竟成也!"这就是后世成语"有志者事竟成"的出处。

屠城三百

山东一地全为耿弇所定。当时耿弇只有二十六岁。然而这只是耿弇赫赫战功的一小部分。《后汉书》中说"弇凡所平郡四十六,屠城三百,未尝挫折"当时天下不过百郡,城不过七百余座,可以说耿弇一人扫平了将近一半的天下。而且还"未尝挫折"。然而正是这句"屠城三百,未尝挫折",本来是赞美的话,却给耿弇戴上了一顶"屠夫"的帽子。很多人断章取义,认为范晔所说的"屠城"就是破城后杀光全城居民,如果真是这样的话,那当时的百姓不是被耿弇杀了一半?当然这是不可能的,《后汉书》对耿弇并无微词,也没有说他性格中有残忍嗜杀的一面,反而说他军纪严明,如"弇乃令军中无得妄掠"等等,光武帝对部下治军要求也是很严的,吴汉之所以在破蜀后屠杀公孙述全家,是因为公孙述派刺客连杀了光武帝两员心腹爱将,再加上吴汉曾经连吃败仗恼羞成怒而致,尽管如此,光武帝知道吴汉的行为后勃然大怒,严厉斥责了吴汉和他的副将。这是在后汉书中明确记载的,如果耿弇真是这样一个屠夫的话,第一光武帝不会重用他,第二光武帝也不可能连一句责备的话都没有。因此,这个"屠城"并不是现代意义的"屠城"。这里的屠应当是破、克、下的意思,屠的对象是城而不是人,就像"攻城掠地"的掠也不是劫掠的意思。

屠城的古义

很久以前谈过"屠城"古义和今义的不同,现在多用"屠城"指战后对于居民的屠杀,唐宋以前的史书的"屠城"则常常是和"攻城"混用的,并不一定发生了屠杀。《晋书·五行志》详细记载了攻城方怎么用望云气的方法判别哪些城容易攻下,将城上云气分为"坚城之气"和"屠城之气",并指出对于城上有"屠城之气"者,"其城营皆可屠"。这里所说的"屠城"和"可屠",显然不是指屠杀,而是针对"破城"和"可以破城"而言。无独有偶,《旧唐书五行志》也记载了这么一套方法,通过望云气来预言城池能否攻下,诸如"城上气如灰,城可屠"云云。《耿弇传》,记其一生"凡所平郡四十六,屠城三百,未尝挫折"。范晔对于汉军如吴汉等的屠杀劣迹并无讳言,而对耿弇则未有屠杀记载,这里在总论其一生战功时说的"屠城三百",只能解作"克城三百"。

耿弇不但功高盖世,而且满门忠烈。他的父亲耿况、弟弟耿舒、耿国,儿子耿忠,侄子耿秉、耿夑、耿恭都是后汉名将。在《后汉书》中,光武所有的开国功臣都是几个人合起来作传,唯独耿弇是一个人列传,可见他在东汉开国时的分量。

天下未平定时,刘秀对耿弇始终是很信任的,原渔阳太守彭宠后来反叛刘秀时,当时耿弇正在前线带兵,因为耿弇的父亲耿况和彭宠是多年好友,因此耿弇觉得很尴尬,这时已经是流言四起,说耿弇父子心怀不轨也要叛乱,耿弇听说后表示要主动交出兵权,光武帝知其所想,下诏书抚慰:"将军出身举宗为国,所向陷敌,功暗尤着,何嫌何疑,而欲求征?且与王常共屯涿郡,勉思方略",光武帝确实是位雄主,知人善任(《后汉书·耿弇列传》)。其父耿况听说此事,也不能自安,派耿弇的弟弟耿舒到洛阳侍奉皇帝,实际是当人质。

第八章 荣誉甲门谁知晓——高阳耿氏

重感情的光武帝

东汉开国之君光武帝刘秀，堪称中国帝王中的顶峰人物。历史上的皇帝中，汉高心黑，魏武残忍，唐宗好色，宋祖阴险，明祖嗜杀。而光武身上却没有这些让后人印象深刻的特征。

刘秀他不杀功臣，不好色。把多达十五级的后宫姬妾制度缩减为五级，而为其生子的只有三位。废后郭圣通，光烈皇后阴丽华，许美人凑巧地为他生下了儿子刘英，被封为楚王。这是刘秀唯一一个并非由郭圣通和阴丽华生育的孩子。

在废了郭圣通之后没选其他人，而是立了人老珠黄的阴丽华。同时，废后郭圣通得到了"中山太后"的封号，成为中国历史上唯一一个不入冷宫反得尊崇的废后。而废太子刘疆在被废后成为拥有两个封国的亲王，领地合计二十九县。刘秀在其中特地加入鲁郡作为补偿，因为那里有最为壮观华丽的宫室灵光殿。

而天下平定后，在建武十三年（37年），光武帝增耿弇封邑，令其交回大将军印绶，以列侯奉朝。当时耿弇也只有三十四岁。但国有疑难，光武仍然召耿弇入朝咨询筹划，甚见倚重。光武的这种做法，也应了他曾经说过的话："朕终不使耿弇为淮阴也"。

中兴诸将中，光武帝刘秀将运筹帷幄的邓禹比喻成张良，将秉公执法、长期镇守后方的寇恂比喻成萧何，将性格刚毅、文武双全的贾复比喻成曹参，将忠勇无敌与杀罚果断的吴汉比喻成周勃，对耿弇却不明言，实际上将他比做功高盖主的战神韩信。云台二十八将中，在非河南籍将领中（光武帝本乡），耿弇排名最靠前，这当然是得益于他的赫赫战功。如果单以战功而论，耿弇与吴汉难分高下，可并列二十八宿第一，但吴汉有不少败绩，还有纵容部下劫掠的恶绩，为将之道比耿弇逊色多了。光武能安心让吴汉当十九年大司马，却不敢继续用更加年轻天才战将耿弇带兵，实际上正是心中对耿弇军事才能的忌惮比对吴汉更甚。

◎ 耿秉：匈奴灭亡的见证人

西域悍将

耿秉，字伯初，是名将耿弇之侄，身体强壮，腰带八围，而且博通书记，《后汉书·耿秉列传》中说："能说司马兵法，尤好将帅之略"。后凭借其父耿国当了官，并多次上书谈论兵事。耿秉认为"中国虚费，边陲不宁，其患专在匈奴。以战去战，盛王之道"（《后汉书·耿秉列传》）。时明帝欲效仿汉武帝的事迹，恢复与西域各族的联系，也准备出兵西击北匈奴，就暗中应允。此后，明帝还向耿秉询问一些用兵的方略，并拜其为谒者仆射，受到重用，每逢大臣议论军情，明帝常常把耿秉叫来一起讨论。

汉明帝刘庄

汉明帝刘庄（27~75），东汉皇帝。字严，庙号显宗。汉光武帝刘秀的第四子，母为阴皇后。建武十九年（公元43年）立为皇太子，中元二年（公元57年）即皇帝位。明帝即位后，一切遵奉光武制度。明帝以及随后的章帝在位期间，史称"明章之治"。明帝热心提倡儒学，注重刑名文法，为政苛察，总揽权柄，权不借下。他严令后妃之家不得封侯与政，对贵戚功臣也多方防范。同时，基本上消除了因王莽虐政而引起的周边少数民族侵扰的威胁，使汉族和少数民族的友好关系得到了恢复和发展。

明帝拜耿秉为驸马都尉。永平十六年（73年）二月，明帝以骑都尉秦彭为耿秉副官，与奉车都尉窦固等伐北匈奴。汉军分四路出击：窦固与耿忠率酒泉、敦煌、张掖士兵及卢水羌兵一万二千骑出酒泉（郡治禄福，今甘肃酒泉市）塞；太仆祭肜、度辽将军吴棠率河东北地、西河羌兵及南单于兵一万一千骑出高阙（今内蒙古狼山中部计兰山口）塞；骑都尉来苗、护乌桓校尉文穆率太原、雁门、代郡、上谷、渔阳、右北平、定襄郡兵及乌桓、鲜卑兵一万一千骑出平城（今山西大同市东北）塞；而耿秉、秦彭则率武威、陇西、天水士兵及羌兵万骑出居延（今内蒙古额济纳旗东）塞。耿秉、秦彭入大漠六百余里，至三木楼山，因北匈奴皆逃走，耿秉与秦彭不战而还。此战唯窦固、耿忠一路有所斩获。

鲜卑的崛起

鲜卑作为一个部落集团的名称，约始见于东汉。鲜卑为满语 Sabi（意即吉祥）的译音，原为此部落酋长，后以其名为族称。据考证，鲜卑与东胡有密切的渊源关系，东胡部落联盟（或民族）被匈奴击破后，鲜卑从中分离出来。鲜卑是一个非常复杂的部落集团，族源也出现多元现象。东汉和帝永元年间（公元89—105），北匈奴为汉朝与乌孙、丁零、乌桓、鲜卑等击败，被迫西迁，于是鲜卑大规模成扇形南迁西徙，进至匈奴故地。留在漠北的10余万落匈奴余众，亦自号鲜卑，于是鲜卑诸部崛起于我国北方。

第二年，耿秉与窦固、骑都尉刘张率一万四千骑出玉门关（今甘肃敦煌市西北小方盘城）进军西域，在蒲类海（今新疆巴里坤湖）击败白山部后，转军进击依附北匈奴之车师（一作姑师，西域国名，都交河城，在今新疆吐鲁番西北10里雅尔湖村西之交河故城）。车师国有后王、前王，前王即后王之子，二王相距五百余里。窦固认为后王道远，山谷深，士卒寒苦，便想攻前王。耿秉则认为先攻后王，则前王自服。窦固犹豫不决，耿秉奋身而起说"请行前"（《后汉书·耿秉列传》）。于是上马，率兵北入，众军不得已，只得跟进。耿秉挥军大败车师，斩首数千级，收马牛十余万头。后王安得大为震恐，率数百骑迎接耿秉。此时窦固的司马苏安想把功劳全部归于窦固，使急驰而至，对安得说："汉贵将独有奉车都尉，天子姊婿，爵为通侯，当先降之"（《后汉书·耿秉列传》）。安得于是退回，让其部将去迎接耿秉。耿秉大怒，披甲上马，率其精骑直奔窦固军营，对窦固说："车师王降，迄今不至，请往枭其首"（《后汉书·耿秉列传》）。窦固大惊，连忙阻止。耿秉厉声道："受降如受敌"

(《后汉书·耿秉列传》)，于是率军驰赴之。安得惶恐，跑出城，脱帽抱马足而降。车师前王也奉命投降，至此，车师平定。东汉置西域都护及戊、己校尉、宜禾都尉屯田，逐渐恢复了对西域的控制。

驱除匈奴

永平十八年（75年）秋，章帝即位，拜耿秉为征西将军。派其巡凉州边境，安服羌人，并驻军酒泉，救戊己校尉。

建初元年（76年），拜耿秉为度辽将军。在边疆巡视了七年，使匈奴人感念其恩德。后命其为执金吾，越发倚重。章帝到各地出巡，耿秉常领禁兵进行保护。

章和元年（87年），鲜卑攻入北匈奴左部，斩优留单于。北匈奴大乱，五十八部二十万人降汉。章和二年（88年），再拜耿秉为征西将军，为车骑将军窦宪副将，准备攻击北匈奴。永元元年（89年）六月，临朝称制的窦太后鉴于北匈奴部落叛离，四面受敌，令窦宪、耿秉率南匈奴及度辽兵共五万余骑，分三路进击北匈奴。窦宪与耿秉各率四千骑、南匈奴左谷蠡王师子率万骑从朔方鸡鹿塞（今内蒙古磴口县西北哈萨格峡谷口）出兵；南单于屯屠河率领万余骑从满夷谷（今内蒙古固阳县）出兵；度辽将军邓鸿和边境地区归附朝廷的羌胡八千骑、左贤王安国万余骑从翩阳塞（固阳县境）出兵。三路大军在涿邪山（今蒙古西部、阿尔泰山东脉）会师。

窦宪命副校尉阎盘、司马耿夔等率精兵一万多，与北单于在稽落山（今蒙古汗呼赫山脉）作战，并大破敌军。敌众溃散，单于逃走。窦宪整军追击，直到私渠比鞮海（乌布苏诺尔湖）。此役，共斩杀名王以下将士一万三千多人，俘获马、牛、羊、驼百余万头，来降者八十一部，前后二十多万人。窦宪、耿秉遂登燕然山（今蒙古境内杭爱山），去塞三千余里，刻石勒功，纪汉威德，令班固作铭。耿秉因功被封美阳侯，食邑三千户。

耿秉性格勇猛，而且做事简练，行军时常亲自披甲在前，休息时不结营，有敌偷袭时，能立即与敌交战，所以士兵皆愿意为其效力。

永元三年（91年）夏，耿秉去世，时年五十多岁，谥曰桓侯。和帝赐朱棺、玉衣，命五营骑士三百余人为其送葬。匈奴闻秉去世，"举国号哭，或至劓面流血"（《后汉书·耿秉列传》）。耿秉长子耿冲嗣爵，后因窦宪被杀，耿氏因此受到牵连，被除爵。

割耳劓面

割耳劓面原是北方欧亚草原各游牧民族中盛行的丧葬习俗，《东观汉记》载："耿秉为征西将军，镇抚单于以下，及薨，赐朱棺玉衣。南单于举国发哀，劓面流血。"

在东汉与匈奴的战争史上，耿秉是举足轻重的人物。然而，不论是历史记载还是今人论述，耿秉的地位和作用都被一定程度地低估了。《后汉书·耿秉列传》总共只有寥寥数百言，且最能体现其运筹决策能力的事迹还散见于其他纪传，以至于后人对他在秦汉时期汉匈战争最后阶段的决战中所发挥的作用，未引起足够的重视，因此，我们应该以客观、公正的态度对其作出合理评价。

历史上的耿姓名人

耿氏满门忠烈，耿况、耿弇、耿舒、耿国、耿忠、耿秉、耿夔、耿恭都是东汉名将。可能是军人的性格使这一家族不善于在政治上喧哗，耿氏如此大的功劳，这么多的名将，这么真实的传奇，却躲在历史的角落里籍籍无名，少为人知。

耿氏地望在高阳郡，今山东临淄西北三十里。西汉有一位威风张扬的人物耿况，是当时知名的大学者。耿况的儿子耿弇、耿国、耿舒等，个个军功显赫。此外，唐代诗人耿湋、画家耿昌言，宋代抗金义军领袖耿京，清初靖南王耿仲明、耿精忠等，都是耿氏中的优秀人物。

第九章　羊质虎皮——汝南袁氏

《通志·氏族略》记载，舜的后裔胡公满的裔孙诸，字伯爰，其孙涛涂，以祖父的字为姓，就是袁氏。"爰"和袁、辕、榬、援等字在古义上是相通的。

汉朝袁氏家庭世代为高官，所谓四世三公，高祖袁安官至司徒，他爷爷司徒袁汤，叔父太傅袁槐，自袁安以下，皆博爱容众，"为天下所归"。袁家甚至可以说和战国时的孟尝君田氏家族媲美。袁家的这个养士结友的传统，后来袁绍也继承得很好，袁绍年轻时就是一位有理想，有文化，有道德，有看头的四有新人。曹操早期就是通过学习袁绍而成长的，特别是在青年时代，袁绍的行止可以说是曹操的榜样。但曹操比袁绍强一点点，他比袁绍更灵活，所以他成功了。官渡之战以前的袁绍，的确是乱世英雄。

代表人物： 袁绍　袁术
对政局影响： 所谓门生故吏满天下，号称诸侯盟主
溯本追源： 汝南汝阳官僚世家
家族兴衰： 讨董卓，袁绍被推为盟主，为最鼎盛时期，官渡之败为家族转折点

第九章 羊质虎皮
——汝南袁氏

◎ 袁绍：泡沫般的英雄

四世三公

袁绍，可以给他很多头衔，中军校尉、帅哥，但是他的本质就是个世家子弟，他的一切基于此也败于此。他出身于四世三公的大官僚家庭，其家族"汝阳袁氏"为东汉有名的世家大族。汉朝的三公就是指"太尉、司徒、司空"，袁绍四世先祖中，都有人位列其中。三公执掌重权，如太尉接近于今天的国防部长；司徒相当于丞相；司空类似于最高法院大法官。可见，三公乃是人臣之极。袁氏家族既四世三公，同时"门生故吏遍天下"了，袁氏家族遂在中原形成了一个无比深厚的关系网，它对袁绍自然构成了一笔丰厚的家族遗产。然而袁绍为庶出，在古代嫡长子继承制中，他的地位是很低的。袁绍深知其出身的弱点因而极其注重自身的修养和名誉，逐渐在时人中留下了良好的口碑。政府高官，江湖人士都和他交情不错。

没过多久洛阳的禁军扩招，袁绍因为各种因素当上了禁军八校尉之一，同时任职的还有好友曹操。从此袁绍正式进入历史舞台。当时皇帝不问政事，朝廷大权俱落在太监集团"十常侍"手里。袁绍就和大将军何进合谋，计划着一锅端掉"十常侍"，为朝廷除去祸乱。因消息走漏，何进被太监骗入宫中咔擦了，袁绍马上率兵突入皇宫，对太监见一个杀一个，不少人因胡须少被误杀。

十常侍

汉灵帝时的宦官集团，人称"十常侍"（即：张让、赵忠、夏恽、郭胜、孙璋、毕岚、粟嵩、段珪、高望、张恭、韩悝、宋典），其首领是张让和赵忠。他们将小皇帝玩于股掌之中，以至灵帝称"张常侍是我父，赵常侍是我母"。十常侍自己横征暴敛，卖官鬻爵，他们的父兄子弟遍布天下，横行乡里，祸害百姓，无官敢管。人民不堪剥削、压迫，纷纷起来反抗。当时一些比较清醒的官吏，已看出宦官集团的黑暗腐败，导致大规模农民起义的形势。郎中张钧在给皇帝的奏章中明白指出，黄巾起义是"十常侍"专权逼出来的，他说："张角所以能兴兵作乱，万人所以乐附之者，其源皆由十常侍多放父兄、子弟、婚宗、宾客典据州郡，辜确财利，侵略百姓，百姓之怨无所告诉，故谋议不轨，聚为'盗贼'。"

袁绍剿灭"十常侍"立功不小，但他马上面临一个更严重的问题，先前袁绍和何进怕实力不够，就招凉州军阀董卓帮忙。殊不知董卓比"十常侍"更可怕。凉州的羌胡大军一入长安，就公然烧杀抢掠，洛阳兵力不足以与其抗衡，董卓独掌朝廷军政大权。袁绍感到后悔了，董卓又想废帝立威，招大臣们来签字，袁绍公然反对。董卓面目狰狞地对袁绍说："小子！天下事现在由我一人决定，谁敢不听话？你以为我董卓的刀不锋利吗！"袁绍却抽出宝剑，当堂顶撞说："你以为天下强者，只有你一个人吗？"说罢，袁绍倏然转身，将自己的官帽一搁，扬长而去。比之其他人的委曲求全，袁绍敢于正面和董卓对抗来不赞成废立，我们不得不佩服袁绍年轻时的勇气。

凉州子弟

董卓是陇西临洮人，《三国志》记载："卓有才武，旅力少比，双带两鞬，左右驰射"。"天下强勇，百姓所畏者，有并、凉之人，及匈奴、屠各、湟中义从、西羌八种"《后汉书·卷七十六》，这就是郑泰说董卓的话，说天下最强的力量出自何处，结论是董卓拥有全部的这六支力量，虽然凉州军团是他的嫡系，但通过各种手段的兼并和拉拢，使董卓确实在形式上拥有了他们，所以说董卓得以在洛阳称雄绝对不是偶然，《三国志·董卓传》记载鲍信也对袁绍说："卓拥强兵"，但董卓终究只是一个武夫，虽然他拥有汉朝最强悍的部队，可他的残暴使他失败了，败在了内部动乱。强悍的部队并没有因为董卓的失败而消失。其中凉州军团一分为三：马腾势力，张绣势力，以及跟随李、郭败亡的一部分。

第九章 羊质虎皮
——汝南袁氏

乱世英雄

当时袁绍还在董卓控制之下,董卓杀他易如反掌。但鉴于四世三公的名头,加上袁绍朝中好友为他回护。董卓暂时忙别的去了。袁绍却不在乎董卓的仁慈,作为一个世家子弟,袁绍无法容忍一个武夫粗人控制朝政,他随后赶回家乡,立即利用自己一呼百应的号召力,发起一场"反董卓运动",暴怒的董卓血洗了在长安的袁氏亲戚朋友。这一番屠杀,反而使许多人为了报答袁氏当年的恩情,都起来反对董卓。于是推袁绍为盟主,结集十八路诸侯讨伐董卓。

董卓见势不妙,便火烧洛阳,跑到长安去了,这样离老家凉州近些。诸侯联盟一时失去了目标,因此瓦解。当时天下局势已乱,袁绍谋立皇族刘虞为帝,刘虞在这种乱世不敢当皇帝,逃到山里去了。然后袁绍先找一块地先落脚,他看中了兵精粮足的河北省,当时叫冀州,但这里是老友韩馥的地盘,即使来硬的袁绍他手头也没有兵,如何是好呢?

袁绍当时知人善任,于是就派谋士荀谌去说服韩馥,荀谌曾接连用三个问题向韩馥发难:"论宽厚仁慈,为天下所同归共附,先生自以为比得上袁绍吗?论临危决断,智勇过人,先生自以为比得上袁绍吗?论家族权势,使天下多年受其恩惠,先生自以为比得上袁绍吗?"懦弱无能的韩馥一连说了三个"不如也",随后就将自己带甲百万,粮食可应付十年战争的冀州,向袁绍拱手相让(他后来恍然大悟,郁闷得不行就自杀了)。其实这样的问题当时绝大多数人,回答都会和韩馥一模一样。占据冀州后,袁绍开始观察周围的诸侯,发现他们大多有明显的弱点,不是政治上懦弱无能,就是一味地好勇斗狠,于是袁绍就谋划一统天下。

但具体执行过程,袁绍采取了更加务实的做法,曹操是他的好友,当时依附于他,他就让曹操去南面对付较弱的黄巾军(当然,他没有想到曹操后来的崛起)。让盟友公孙瓒先去讨伐黄巾军,结交南方的刘表,避免两线作战。主要想先解决黄巾军这一引起公愤的敌人。没想到公孙瓒居心不良,秒杀黄巾军后就马上进攻冀州,袁绍被迫先去解决公孙瓒。公孙瓒有杀手锏,就是他的特种骑兵部队"白马义从",凭借着它公孙瓒连破黄巾、鲜卑和乌桓,那时的军人都说"当避白马"。袁绍却看出了它的弱点,"白马义从"其实最怕的就是弩兵,弩兵射击力度和射程可以克制它,黄巾、鲜卑和乌桓都没有弩兵这种高科技部队,所以"白马义从"才能得胜。于是袁绍就在战场上组织了弩兵齐射,彻底消灭了"白马义从",从此公孙瓒一蹶不振。袁绍随后进攻公孙瓒的老巢易京。汉献帝派人说和,两家罢兵。此时与公孙瓒为盟的张燕偷袭邺城,袁绍部下有老婆孩子在邺的,听说后都惊慌失色,袁绍的老婆孩子也在邺县,他却还是面不改色,从容回救。后来张燕部下闹内讧,张燕被杀,袁绍又起兵歼灭大小十余只土著武装,收编队伍,冀州从此稳定。袁绍再攻易京,公孙瓒准备举火为号,内外夹击袁绍,不想被袁绍识破,将计就计,引公孙瓒出城而歼之,公孙瓒最终为袁绍所灭。要进一步平定北方,就一定要搞好和乌桓的关系,乌桓是当时一支大的北方民族,它曾经被公孙瓒打败,但是在首领塌顿的领导下,又恢复起来。袁绍依靠与塌顿联姻,取得了塌顿的信任。乌桓最后还成为了袁氏避难所。

白马义从

公孙瓒在和北方少数民族的作战中是以勇猛豪迈而成名的,他善使双头铁矛,《后汉书》曰:"瓒常与善射之士数十人,皆乘白马,以为左右翼,自号'白马义从'。乌桓更相告语,避白马长史。"白马义从后扩充成相当规模的部队,一时威震塞外,乌桓"乃画作瓒形,驰马射之,中者辄呼万岁,虏自此之后,遂远窜塞外。"值得一提的是有资料提到赵云原是白马义从之一,也算给这支精兵保留了种子。

此后袁绍如日中天,威风八面。他不断开疆扩土,将冀、青、幽、并四州尽入囊中,终于平定北方。然而此春风得意之时,他开始暴露出性格上的弱点了,谋士沮授当年劝袁绍迎奉逃难的汉献帝,袁绍不予采纳,认为乱世中只能靠实力,而汉献帝又没有一兵一卒,对袁绍毫无补益。结果,曹操将汉献帝迎接到许昌,从此挟天子以令诸侯,袁绍这时才知道后悔了,致信曹操,蛮横地要求曹操把皇帝送到邺城来。曹操当然拒绝,自此,两人正式结下梁子。但曹操也惮于袁绍的强势,妥协了一下,请献帝将朝廷最高武官"大将军"的头衔让给袁绍,袁绍并没有就此罢休。他发出的讨曹操檄文,风行大江南北。该檄文尖酸刻薄,骂尽曹操祖宗八代，由此表明他和曹操势不两立。所以袁绍刚刚平定北方，就马上南下和曹操开仗。

官渡决战

综观袁绍以前的征战，都是一步一步从正面战场上稳健得来，其间并没有什么谋略上的"灵活"手段，作为世家子弟他不善此道。这样堂堂正正的战法，灭公孙瓒等敌人，都是比较顺利的。这次平定曹操战争，谋士沮授建议用消耗战来骚扰曹操的边界，慢慢拖垮曹操。而另一谋士审配则建议速战速决，防止曹操稳定下来。前者这是符合袁绍早年的稳健战法，但这时已经是他的鼎盛时期，他仿佛已经看到了皇帝宝座，袁绍不想再等了，就决定进行速决战。其实两种战法并无优劣之分，但是袁绍不知道自己的性格弱点，史载"袁绍性格，迟重而少决"和"多谋少决"，意思就是说袁绍缺乏随机应变的能力，分析的好，执行起来慢，处处失在后机。不适于这种速决战，尤其是对付曹操这种应变无方和不拘陈法的对手。所以，袁绍拥有世家子弟的那种迟钝和寡断，这就是以他的弱点去碰曹操的强项，这才是他最大的错误。

还有一重要的错误，袁绍自以为是的强大武力，实际上却不堪用也没用好。袁绍军队多为战事中收编所得，杂而不精。袁绍军纪宽松，军威不严。但依袁绍考虑，集中优势兵力，一下突破，攻得曹操喘息未定，不和曹操拖延。因为曹操属于多年征战，内部刚定，经济空虚，民心不稳的时候。袁绍不是不知道自己的军队疲劳，军纪不严，只是他算来算去，还是可以胜曹操，连曹操都说："当绍之强，孤犹不能自保。"可见优势是很明显的。但是袁绍他总是想以很小的损失来战败曹操，所以才又犯下屯兵不进的错误行动。

官渡之战的战幕就此掀开。我们都已知道，这一仗是袁绍命运的转折点。官渡之战前夕，袁绍已经占有四州之地，手下人才济济，拥兵数十万。南面的曹操，他的根据地大仗小仗天天有，"白骨露於野，千里无鸡鸣"，一片残破之象。这一仗按常识看来，袁绍没有可能输，但常识本来就是用来超越的。刚开始，袁绍的两员大将颜良、文丑就被曹军的关羽给杀了，袁军士气大跌。袁绍兵力十倍于曹操，但战斗力比不上曹操身经百战的青州兵（白骨露於野，千里无鸡鸣，也有一定的积极效果），袁绍只好先与曹操正面对峙。谋士许攸曾提议，抽出一支人马，偷袭曹操身后的老巢许昌。袁绍拒绝了这一妙计。他想在战场上把曹操光明正大地击倒，任何迂回都有损他的名誉。两军相争，加强团结，为基本常识。袁绍在这一问题上又犯大错，邺城守城官因为经济问题抄了许攸的家，袁绍无任何安慰措施，逼得许攸临阵脱逃，将袁绍的粮草位置报知曹操。与曹操相持已有半年，粮草成了决定战争成败的命脉。袁绍派去守卫粮草的兵力也不够，委派的大将淳于琼还酷爱杯中物。结果曹操当然不会放过这次机会，派骑兵火烧了袁绍的粮草，一着不慎，满盘皆输，袁绍因为军心动摇，不得已强攻曹操大营，又被曹操所乘。结果，只在三天时间，袁绍十万大军，被弄得只剩下区区八百人，陪袁绍逃回老家。

　　战后谋士田丰的死，也能反映袁绍性格上的气量偏执。田丰曾反对袁绍投入这场战争，并预言袁绍必败。当袁绍果然大败，狱吏们纷纷向田丰庆贺，说是"先生大有先见之明，袁公回来后必定会加以重用"。"非也非也，我太了解袁公为人了，他表面宽容，内心猜忌，若此战获胜，袁公一时高兴，当然也会既往不咎，大赦天下，在下小命也可望保全。今既然失败，袁公羞恼之下只会更加震怒，遂致迁怒他人。烦请转告我家人，从速替我预制石棺，时刻准备收尸。我估摸着不会活过今天了。"果然，袁绍回府后下的第一道命令，就是处死田丰。作为对照，我们发现，不管你将此理解为豪杰气质还是奸雄本色，曹操战败后做的第一件事，往往就是先找某位曾经反对过自己的谋士，一边握着他的手，一边诚恳地认错："悔不用卿言，致有此败。"建安七年，袁绍羞怒交加发病而死。随后曹操攻灭袁氏。

田丰

　　田丰，冀州巨鹿人，博览多识，权略多奇，曾在朝中任侍御史，因不满宦官专权，弃官归家。袁绍起兵讨伐董卓，应其邀请，出任别驾，以图匡救王室之志。后袁绍用田丰谋略，消灭公孙瓒，平定河北，虎据四州。田丰曾劝袁绍早日图许，奉迎天子，占据政治上的主动，袁绍不能从。建安四年，曹袁争霸，田丰亦提出稳打稳扎的持久战略，袁绍执

第九章　羊质虎皮
——汝南袁氏

意南征而不纳，但在曹操东击刘备时，却以儿子生病为由，拒绝田丰的奇袭许都之计，错失良机。官渡之战，田丰再议据险固守，分兵抄掠的疲敌策略，乃至强谏，被袁绍以为沮众，械系牢狱。建安五年，袁绍官渡战败，因羞见田丰而将其杀害。

当年曹操与袁绍，曾一起起兵讨伐董卓，袁绍问曹操如果失败，你准备怎么办？曹操说你的意见如何？袁绍说我南面占据黄河天险，北面控制燕代地区，同时招收匈奴兵，这样可以吧？曹操说我用智力来争天下，其他都是次要的。又说，当年商汤周武要是仅仅靠地形做资本，就不能随机应变了。这段话进一步说明了曹操和袁绍性格上的区别，曹操不但灵活，而且见识显然比袁绍高一层。袁绍从小生活在一个稳定的环境中，总以为周围一切都是不会变的，没有曹操那样的社会阅历，根子还在他的性格和出身背景上。然而当袁绍享受着盛名时，只有为数寥寥的有识之士，才发现他的致命缺陷。当然还包括袁绍最大的劲敌曹操。曹操很早就在一次袁氏兄弟大宴宾客的场合，看出了袁绍的未来，所谓"乱天下者，必是这两个兄弟"，几乎可以肯定的是，曹操当时就萌生了日后取而代之的念头。

◎ 袁术：乱世中的花花公子

膏粱子弟

三国时期天下大乱，生灵涂炭，英雄奸雄逐智斗力，阴谋家野心家也蜂拥出笼，落霞与孤鹜齐飞，英雄与废柴同行。这就是乱世，似乎其中的任何人用单纯的好坏二字进行划分，就显得太肤浅了，但确实有一位公子可以作为典型反面人物，他就是袁绍的兄长——袁术。

袁术的出身算是早期豪杰里面最好的，"四世三公"这个品牌与袁绍相比，可以当之无愧地打出来，因为袁绍是庶出，而袁术是嫡出，袁术是大老婆生的，袁绍是婢女生的。袁公子一向对袁绍是瞧不起的，称袁绍为"败家奴"。指的就是袁绍母亲，她本属袁家婢女。

袁术有着很顺利的前途，因为他出身的金字招牌，讨个政界"出身"根本不用费什么劲。年方弱冠即举孝廉，孝廉是当时社会走仕途之路的第一个台阶。没有过这一关，就没有任何机会进入上层。那时百万人口的大郡，每年也就举一个孝廉！袁术轻而易举就弄到了孝廉的身份，随之而来的是：郎中、河南尹、校尉、中郎将一系列实职。中郎将相当于今天的少将，进入将军的行列了。董卓进京，握有朝廷大权后，也是看中了他的家庭背景，为了拉拢袁术，给他个后将军！袁绍虽然当时名气很大，因他是私生子，董卓也没给他什么爵位，给曹操的不过是个骁骑校尉，比起后将军差远了。要知道关羽跟随刘皇叔出生入死于千军万马之中，饱尝艰难困苦于颠沛流离之余，身经百战战功卓著，也不过得到个前将军。这后将军的分量价值大小你就知道有多么重了。家庭背景在中国历来是一个不可忽视的重要因素，由此可见一斑。

不过在乱世，光有吓人的家庭背景是不够的，还得有吸引力才能惹得众多的FANS围着你转，《三国志》记载："袁术字公路，司空逢子，绍之从弟也。以侠气闻。"这个"以侠气闻"的概念似乎不该理解成"有侠义之气"，应该理解为"敢做事"才比较符合袁术的性格，从以后的各个举动来看，袁术真是够"以侠气闻"的。经过推荐选拔以后，开始了仕途之路，对于四世三公这样的背景，也许不需要有政绩，有政绩的话史书上也不会不写明的，而且袁术的极端处世方式想做点政绩也难。至于"除郎中，历职内外"，几乎就是仗着威望在官场上"平趟"。

孙坚的到来

袁术的人生开场碰到的都是好事。面对大好形势，袁术却"畏卓之祸，出奔南阳"，甘当无处栖身的流窜犯。后来袁术又撞大运了——长沙太守孙坚杀掉南阳太守张咨，为了获得支持而把南阳郡白送给袁术。孙坚是个人物，反卓同盟军向全国发出檄文，孙坚积极响应，发兵北伐。

第九章 羊质虎皮
—— 汝南袁氏

自经过荆州首府时,他杀了王叡刺史,到南阳时,恨张咨没有给予支持,就设计杀了他。孙坚知道自己杀了一个刺史又杀了一个太守,难免不被别人抓小辫子,总得找个靠山,正巧袁术闲逛到南阳,他就把南阳当做大奖送给这个中奖者了,以袁术做他的靠山。"术遂得据其郡",袁术也投桃报李,"表坚行破虏将军,领豫州刺史"一个杂牌将军称号,这算是两人的合作。有了孙坚,袁术的一生达到了顶点。攻击董卓,"合战阳人,大破卓军,枭其都督华雄等。"继而又进军大谷,离洛阳只有区区几十里了。袁绍那边的十几路诸侯还在观望,只有曹操独自进军,被董卓的大将徐荣,杀得个溃不成军。由此董卓"惮坚猛壮",于是避其锋芒,迁都入关。这一战役算是大胜,孙坚又回到鲁阳,与袁术会合。

孙坚

孙坚,据传为孙武的后代,于汉末征讨黄巾有功,被拜为长沙太守。董卓乱政之际,孙坚为"十八路诸侯反董卓"中的一路,作为诸侯联军的先锋,表现得十分活跃,但因袁术存有私心,拒不发粮,而被董卓将华雄击败;后董卓迁都长安,孙坚进驻洛阳,意外发现传国玉玺,遂起私心,藏匿玉玺返回,不料事情泄漏,因此与袁绍、刘表结仇。不久,孙坚在与刘表手下黄祖的交战中,中埋伏而死。孙坚有两次击败吕布的战绩,其勇猛在东汉末年鲜有敌手。

袁术这个时候有孙坚相助,算是强盛之时。袁术也总是能聚起一支庞大的军队,因为他有粮,而粮的来源,就是他不顾人民死活,强征暴敛搜刮而来的。史载,他只用三年时间就把有数百万人口富裕的南阳郡,搞成了哀鸿遍野饿殍满地的重灾区。他还动不动就送人与粮,以作政治上的交换。《英雄记》记了这样的话,袁术写信给吕布"将军连年攻战,军粮苦少,今送米二十万斛,迎奉道路",他这样不吝啬粮食,主要是他不顾人民死活,拼命搜刮的结果。他基本上是流寇的办法,弄一个地方,就吃一个地方,吃光了再换一地方。由此看来,这样来养一支庞大的军队,维持不了多长时间。他不搞基本建设,不从根本上解决粮食问题,也不搞基层建设。在吃光了南阳郡后,他开始策划一个大规模的战争,他也把自己的希望全都寄托在战争上了。

《英雄记》

王粲的《英雄记》，是我国历史上第一部专门记载"英雄"的传记。该书全书已佚，存在书名讹误、材料真伪与具体写作时间等问题。据史料分析，其主体部分当写成于建安十三年（208年）九月，作者归曹前，反映了曹操统一北方以前汉末群雄割据时代最宽泛的"英雄"概念。

袁术因为他自己是嫡出，自豪得很，袁绍是小老婆生的，卑贱，他对袁绍受到别人的拥戴，很是不平。他大骂袁绍不是袁家人，"术怒曰：'群竖不吾从，而从吾家奴乎！'又与公孙瓒书，云绍非袁氏子"因为"豪杰多附于绍"使他生气，他认为反卓同盟的盟主应该是他来当才合理，真是不知天高地厚不免有些狂妄自大。就因为这么个不是理由的理由，为此他组织了对袁绍的战争，当然他也想着能囊括天下的好事。初平三年，"袁术与绍有隙，术求援于公孙瓒，瓒使刘备屯高唐、单经屯平原、陶谦屯发干，以逼绍。"这是他为自己下一步的行动，先解除来自北部袁绍的牵制；同时得知刘表与袁绍有联系，他就派孙坚去攻刘表。而他的真实意图是进军中原，打击曹操，然后占据中原以争天下。这样就有两大阵营，四方势力：北部袁绍，曹操为一方；南部袁术、孙坚为一方，另有北部的公孙瓒支持袁术，而打袁绍；南方的刘表支持袁绍，而抵制袁术。他们是交叉联合，错综复杂的倾向，而有一条主线索非常清晰，都是在为利益而奔忙。起因在于地盘的争夺，当初袁术表孙坚为豫州刺史，后来，当孙坚进军洛阳时，袁绍派人来争夺豫州引起袁术的不满，加以反击，因为孙坚算是袁术的属下。孙坚勇猛无比，袁绍最后失败了。

目空一切的袁术并不懂得，对于这个群雄并举，早看不见谁人一家独大的时局一点也不了解，拙劣的政治手段让他处处受敌，最后竟然得罪了和自己同出一门的袁绍，落了个兄弟皆不相容的恶名，这样的时代，名声一旦臭了，下场就很难说了。

袁术打了胜仗，觉得看来他人也没什么了不得的力量，殊不知是依靠借了孙坚家族的力量。虽然胜了，可是随着孙坚的死，这也成为袁术事业的转折点。

在和袁绍的矛盾激化到了不可调和的时候，袁术又做起了席卷天下

第九章 羊质虎皮
——汝南袁氏

的美梦。他请公孙瓒在北部拉住袁绍不要影响他的计划,公孙瓒也因为对冀州感兴趣,因他的弟弟公孙越随袁术军队在打九江时,为流矢所中,命丧战场,他把这事也算在袁绍身上了,看来利益总是蒙蔽人的双眼,说了句"吾弟死,祸起于绍。"对袁术的要求他积极响应。公孙瓒以大军对袁绍形成一个包围圈,袁绍全力以赴对公孙瓒进攻。而刘表接受了袁绍的请求,对袁术进行牵制,断其粮道。袁术就派孙坚对荆州实施攻击,不知为什么他不与孙坚进军中原?以孙坚的攻击力,很有可能曹操不能抵挡。结果孙坚进攻荆州,袁术自己进军中原。

袁术的如意算盘打得不错,且利用了当时一切可用的矛盾,动员了公孙瓒、陶谦、孙坚、刘备等参与,大有取中原于一旦之势。可是他的计划主要不是靠自己的组织能力和攻击能力,而是靠孙坚的军事实力,孙坚一旦出现问题,一切全泡汤。与此同时,孙坚进攻刘表,很顺,"表败,坚遂围襄阳",可是刘表并不是人们所想象的那样,没能力仅仅是个座谈客。他还是积极应对此局面,一是派黄祖于城外逆战孙坚,"坚为流箭所中死。"(引自《后汉书》)二是派将吕公出城以为疑兵之计,"刘表将吕公将兵缘山向坚,坚轻骑寻山讨公。公兵下石,中坚头,应时脑出物故。"(引自裴注《英雄记》)两个记录的过程不大相同,可是结果一致:孙坚死。那袁术中路的主战场怎么样呢?

袁术军虽然声势浩大,攻击的质量太差。曹操来了,双方展开激战,袁术与曹军根本不是一个重量级的,曹军对他是"大破之",没有还手之力。这次战役,他败得很惨,又损失了孙坚这个他的最强部队,从此他再也没有风光过。北部同盟军公孙瓒被袁绍消灭,南部孙坚死,结论是"坚为流矢所中死,军败,术遂不能胜表。"荆州他是别再想了,虽富而不可得了。那个时代是很容易睚眦必报的,这个莫须有的举动得罪了当时完全可以为其后援的刘表,把这个一直积蓄势力的得力助手推向了袁绍,成了"与虎为邻"的孤军。

虽然袁术已经大败,又没了一支强悍的部队,他并没有收敛,反而最后疯狂起来,倒行逆施不计后果。这是在他没有了孙坚这支精悍的部队,又失去了公孙瓒的支持后本性大暴露。在大失败后,他应老老实实搞基本建设，把自己的根基搞好，再图进取也是很正常的思路。可是他已经没有可依靠的力量了，却要做有实力的军阀都不敢做的事，他要称帝。

仲家帝国

公元195年，眼见得汉室江山岌岌可危，作为几世臣子后裔的袁术，不仅不为国家前途忧虑，反而打起了歪主意！召开全体会议，想通过自己的声望和强奸的民意把自己弄到"众望所归"的皇帝位置！众人听到这个在当时社会很大逆不道的主意后，都是"莫敢与对"。也许是对于这种想法的惊惮吧！最后会议弄了个不欢而散。别人做任何事都要考虑自己有没有条件去完成，条件具备才能去实施，只有愚蠢的人才会不管有没有条件，瞎撞，所谓盲人骑瞎马，夜半临深池，正是说的他这种人。他没有能力扫除群雄，而皇帝是谁都想做，只有最强者才能做，他就没打过胜仗，不是最强者，怎么能做呢？可他有想法，他家四世三公，他又是袁家的嫡子，是该他做了，反正汉室不得复兴，他家不做还有谁能做？

袁术手下主簿劝他，周代，三分天下有其二，还服从殷商，并没有去做皇帝。你没有周文王那样强盛，而汉帝也没有商纣王那样残暴，你怎么可以做皇帝呢？但总有拍马屁的人，他用河内张炯的推论，以土代火，"代汉者，当涂高也。"的谶语，迫不及待的当了皇帝。他把九江做了都城，设百官，公卿，他听说孙策母有传国玉玺，硬是夺过来。他自称仲家，这不知是何含意，也许是自感还没把握，先做个准皇帝？因为他说过，"曹公尚在"，没有进行登基仪式，也没确立皇帝年号，这就是所谓的"仲家帝国"，国号仲氏都暗指是虞舜子孙，比魏蜀吴国其他三国可要早多了。

代汉者，当涂高也

"代汉者，当涂高也。"流传了三百多年，无数的人为了它人头落地。这谶语的意思很明白，是说汉王朝气数已尽，注定要有新的代替它；而代它的"当涂高"却很费解。一般来说，谶语通常在"国将不国"时才会流行，然而"当涂高"却有点特别，至少汉武帝时（正是汉朝的鼎盛期）就传得沸沸扬扬了。《太平御览》引古代野史，记载了刘彻死前的"天鹅绝唱"，其中就提到"汉有六七之厄，法应再受命，宗室子孙谁当应此者？六七四十二代汉者，当涂高也。"依据袁术自己的解释，"涂"通"途"，是路的意思。而自己字公路，所以和这句谶语大有关联。据说后来取天下的魏，这个"魏"字也颇合这句谶语。因为"魏"在古代是路上的高台子的名字。原来古代的宫殿前面通常都建有两个高大的台，台上又有楼观，在两台之间留个空阙的地方，这种建筑就叫阙、双阙或魏阙，后来成为朝廷的代名词（即所谓"身在江湖，心存魏阙"）。"当涂而高"正是这个东西，于是就证明以魏代汉，正是"天意"了。再后来取天下的是司马氏的晋王朝，因为司马昭曾被曹魏封为高都侯，于是又出了一种解释：高都者，正应代汉之当涂高也。加上司马昭后来又成了"晋公""晋王"，"高都"再"晋"一步，就比魏阙更高了，取魏而代之是顺理成章了。

仲家袁术在位期，又是大肆搜刮。他的皇帝梦是做过了，可是他穷奢极欲的生活，把淮南又吃光了，他的军队没吃的了，"士卒冻馁，江淮间空尽，人民相食。"和在南阳郡的情况一样，他又把淮南很快吃光了，他就是一灾，他到哪里哪里就遭灾。他当皇帝不久，已经无法坚持下去了。

自作孽不可活这句话是很对的，袁术招来了曹操举大兵的征伐。这是一个伐"至不仁"的战争，所有旁观者都在拍手称快！面对曹操的进攻，袁术孤立无援，留一部分兵死守，开始了四处窜逃的生活。由于伤了众心，没有一个人去伸出援手救应，他去投他任命的部下，潜山的陈兰、雷薄，可是到这时，人家已不听他的了，拒绝了他。万般无奈之下，袁术又拉下脸来恳求自己的哥哥袁绍，过去他骂袁绍，不是袁家人，现在他早忘了，现在他想起的是，"归帝号于绍"，把玉玺作为交换自己性命的代价，大拍袁绍马屁，这时他不再提吾家奴了。在路上，袁术被刘备伏击，体无完肤的他连照面都不敢跟刘备打，迅速望南逃窜。最后杨州落到刘勋手下，而后又被孙策智取。妻子流落江东。孙家没有把事做绝，给了袁家后代一个相对算是不错的结果。

在江亭，身心俱疲的袁术终于死了，而且死得很难看，"留住三日，士众绝粮,乃还至江亭,去寿春八十里。问厨下,尚有麦屑三十斛。时盛暑,欲得蜜浆,又无蜜。坐床上,叹息良久,乃大诧曰:'袁术至于此乎!'因顿伏床下,呕血斗余而死。"求蜜水而不得的那种屈辱对于袁术这种虚荣心很强的人来说是那么的痛,但是袁术应该想想,整整一个淮南鱼米之乡,被你两年之内弄得面目全非,颗粒无收。那些冻尸饿殍的债,你死一次是否就能还清?

这样的人对于人生最缺乏的就是对于"磨难"这个概念的认识,一帆风顺的道路,得之过易的收获,自然使袁术有了种理所当然的思想,认为这一切都是家族所必备的,永恒的,所以他永远是个膏粱子弟,不懂得群雄逐鹿的时代有多么残酷。

历史上的袁姓名人

袁氏地望在汝南郡,今河南省汝南县东南六十里。历史上的袁姓人才济济,名人辈出。西汉大臣袁盎,以直率敢谏而名动朝廷。东汉袁氏由于孙策感念旧恩,得以保留一脉。东汉之后,有东晋文学家、史学家袁宏,南北朝的文学家袁淑、袁崧,唐代文学家袁郊,南宋创立了纪事本末体裁的史学家袁枢等,都为袁姓的辉煌历史作出了自己的贡献。到明代,诗坛上出现了著名的"三袁",就是袁宏道、袁宗道、袁中道三兄弟,其中,袁宏道更是"公安诗体"的创始人,主张作诗要"独抒性灵,不拘格套",反对复古。袁枚,是清代有名的学者,与纪昀齐名,在文坛上占有很重要的地位,提倡"性灵说",其诗和散文都有较大的成就,文学思想更具影响力,号"随园先生"。

第十章　虎豹铁骑荡群雄——沛国夏侯氏

夏侯氏源出姒姓，夏禹之后，周武王立，封夏裔于杞，杞为楚灭，简公弟佗奔鲁，鲁悼公以佗为夏侯，受爵为侯，因以为氏。这就是说，周武王封夏禹的后裔东楼公于杞。公元前445年楚国灭杞，杞简公的弟弟佗逃注鲁国，鲁悼公因为他是夏禹的后裔，周初祖先又封为侯爵，于是称他为夏侯氏，其后世子孙便以夏侯为姓，称夏侯氏。东汉末年，曹氏、夏侯氏是沛国谯县的大族。曹氏自曹腾以来，门第兴盛，但曹操之父曹嵩乃是过继给曹腾的夏侯氏之子，而曹氏宗族的力量原本就浪薄弱，曹操理所当然的倚重其堂兄弟夏侯敦与其族弟夏侯渊，他们自身也有相当的政治或军事才能。

代表人物：夏侯渊　夏侯惇
对政局影响：建立魏国的主要力量　曹魏第二大家族
溯本追源：沛国谯县大族　夏禹之后
家族兴衰：曹操很可能为夏侯氏之一员，合力建立魏国，家族繁衍直至其灭亡

第十章 虎豹铁骑荡群雄
——沛国夏侯氏

◎ 夏侯婴：宅心仁厚一生安

临危不弃

汝阴侯夏侯婴是沛县人。开始在沛县县府的马房里掌管养马驾车。每当他驾车送完使者或客人返回的时候，经过沛县泗水亭，都要找高祖去聊天，而且一聊就是大半天。后来，夏侯婴担任了试用的县吏，与高祖更加亲密无间。有一次，刘邦因为开玩笑而误伤了夏侯婴，被别人告发到官府。当时刘邦身为亭长，伤了人要从严惩罚，因此高祖申诉本来没有伤害夏侯婴，夏侯婴也证明自己没有被伤害。后来这个案子又翻了过来，夏侯婴因受高祖的牵连被关押了一年多，挨了几百板子，但终归因此使高祖免于刑罚。

后来刘邦回军平定了三秦，夏侯婴随从刘邦攻击项羽的军队。彭城之战，汉军被项羽打得大败。刘邦因兵败不利，乘车马急速逃去。在半路上夏侯婴遇到了刘邦的两个孩子（孝惠帝和鲁元公主），就把他们收上车来。马已跑得十分疲乏，敌人又紧追在后，刘邦特别着急，为提高车速，有好几次用脚把两个孩子踢下车去，想扔掉他们了事，但每次都是夏侯婴下车把他们收上来，一直把他们载在车上。夏侯婴赶着车子，先是慢慢行走，等到两个吓坏了的孩子抱紧了自己的脖子之后，才驾车奔驰。刘邦为此非常生气，有十多次想要杀死夏侯婴，但最终还是逃出了险境，把孝惠帝、鲁元公主安然无恙地送到了丰邑。

彭城之战

刘邦趁项羽北上齐国平叛之时，率领五十六万诸侯联军攻占项羽的老巢彭城，项羽得讯后一面派兵留驻齐地，另挑选三万精骑星夜奔袭，将诸侯联军打得大败，死亡十几万，尸体堵塞河道，河水都为之不流，刘邦也险些丧命。

刘邦到了荥阳之后，收集被击溃的军队，军威又振作起来，刘邦把祈阳赐给夏侯婴作为食邑。在此之后，夏侯婴又指挥兵车跟从刘邦攻打项羽，一直追击到陈县，最后终于平定了楚地。行至鲁地，刘邦又给他增加了兹氏一县作为食邑。

白登沉着

刘邦称帝的这一年秋天，夏侯婴以太仆之职跟从刘邦攻打匈奴。当追击敌军到平城时，被匈奴骑兵团团围住，困了整整七天不能解脱，是为白登之围。后来刘邦派人送给匈奴王的王后阏氏好多礼物，匈奴王冒顿这才把包围圈打开一角。刘邦脱围刚出平城就想驱车快跑，夏侯婴坚决止住车马慢慢行走，命令弓箭手都拉满弓向外，最后终于脱离险境。以此功，刘邦把细阳一千户作为食邑加封给夏侯婴。又以太仆之职跟随刘邦在勾注山以北地区攻打匈奴骑兵，获得大胜。

夏侯婴自从跟随刘邦在沛县起兵，长期担任太仆一职，一直到刘邦去世。之后又作为太仆侍奉孝惠帝。孝惠帝和吕后非常感激夏侯婴在下邑的路上救了孝惠帝和鲁元公主，就把紧靠在皇宫北面的一等宅第赐给他，名为"近我"，意思是说"这样可以离我最近"，以此表示对夏侯婴的格外尊宠。孝惠帝死去之后，他又以太仆之职侍奉吕后。等到吕后去世，代王来到京城的时候，夏侯婴又以太仆的身份和东牟侯刘兴居一起入皇宫清理宫室，废去了少帝，用天子的法驾到代王府第里去迎接代王，和大臣们一起立代王为孝文皇帝，夏侯婴仍然担任太仆。八年之后去世，谥号为文侯。他的儿子夷侯夏侯灶继承侯位，七年之后去世。儿子共侯夏侯赐继承侯位，三十一年之后去世。他的儿子夏侯颇娶的是平阳公主，在他继承侯位十九年时，也就是元鼎二年（前115）这一年，因为和他父亲的御婢通奸，畏罪自杀，封国也被撤销。

第十章 虎豹铁骑荡群雄
——沛国夏侯氏

◎ 夏侯渊：所向无前

铁骑都尉

夏侯渊，字妙才，沛国谯（今安徽亳县）人，夏侯婴之后，夏侯惇族弟，是曹操麾下名将，与张辽、曹仁、徐晃、张郃并称五大良将。曹操父亲曹嵩本姓夏侯，因过继给宦官曹腾为养子而改姓曹。从血缘关系来说，夏侯惇是曹操的堂弟，夏侯渊是曹操的族弟，夏侯渊的"中子"夏侯霸是曹操的族侄。

夏侯渊年轻时曾为曹操替罪坐牢，后被曹操营救。后随曹操起兵，任别部司马、骑都尉。他以后督军校尉身份参加官渡之战，获胜后受命督运军粮，时曹军粮少，夏侯渊相继及时运粮，保障了供给，军威得以复振。曹操后来经常让夏侯渊驻守当时的大都长安，可见对他的军事才能和忠诚都很放心。

曹操的身世

曹操的祖父曹腾，历事汉安帝、汉顺帝、汉桓帝、汉灵帝四个皇帝，一直小心谨慎。后因拥立汉桓帝有功，曹腾迁为大长秋，达到宦官官位的极点，并且被封为费亭侯。因宦官没有子嗣，因此曹腾收养了曹嵩作为养子。曹操即为曹嵩之子。

《吴书》说曹嵩是从夏侯氏过继来的，但这个说法不可靠。原因有二：

第一，夏侯氏若是曹操的本族，那么曹操与夏侯惇子女互相通婚，就违背了"同性不婚"的原则。

第二，袁绍在《讨司空曹操檄》中骂曹操的父亲曹嵩是"乞丐携养"。以袁绍和曹操少年时频繁的交往，袁绍应该比较清楚曹操的身世来历。

第三，按理说，曹操建立自己的国家，就应该以本姓建国，而他不恢复夏侯氏的本姓，只是因为不知道自己本来姓氏的来源或者自己根本就是从曹氏宗族中过继的。因此，综上所述，曹操的父亲曹嵩只有两种来源，最可能的是被收养的孤儿，其次则是曹腾宗族疏属亲戚中过继的。

夏侯渊不愧曹操的重托，他武艺高强，身手矫健，十步一杀，曾经在铜雀台比武时，曹休、张郃、曹洪、文聘四位将军都箭射红心，而夏侯渊扭身射去，正中四箭之中。夏侯渊还是骑兵战和快速行军的高手，军中到处有"典军校尉夏侯渊，三日五百，六日一千"的歌谣传唱。他打起仗来甚是武勇，与猛兽相似，冲锋陷阵，斩将夺旗，所向披靡。平昌狶之乱，斩黄巾徐和、司马俱，雷绪等其军事才能就可见一斑。最为精彩的还是随后的大战马超和征讨张鲁的战役。

"衮雪"二字是名震寰宇的三国魏武帝曹操留存人间的唯一手迹。据《三国志·魏书·武帝纪》载，曹操曾于建安二十年（公元215年）和二十四年（公元219年）两次来到汉中，相传曾登临褒谷故地，一览大好河山。见石门外幽谷深滩中，石多浪激，飞流奔泻，银涛做窝，犹如白雪翻滚时，豪情难仰挥毫即书隶体"衮雪"二字于谷中石尖，以喻褒谷山水之美。飘逸俊挺的字迹，不仅表现了褒谷博大的气势，更显示了魏武帝宏阔的气魄与壮志。

平定西凉

夏侯渊后随曹操征孙权，众所周知，曹军在赤壁之战中被孙刘联军击败，曹操回军后，次年派夏侯渊以征西将军和钟繇征讨张鲁。当时大军要经过关中地区，而关中地区此时已群雄割据，有人建议曹操先招抚这些人，以免干扰征讨张鲁之战，曹操不听。钟繇入关后，关中诸将果然起疑，以马超、韩遂为首的十部联军，聚集10余万人马，兵力优胜当年官渡的袁绍，而且都是西凉重甲长矛兵，素以勇猛出名，他们据守潼关抗曹。夏侯渊受命与其交战，在渭南之战中大败马超，在马超等溃败的时候，又用调虎离山计攻打韩遂老巢，逼韩遂主力出战，然后击败韩遂军。马超、韩遂逃往凉州（今甘肃及宁夏回族自治区等地）。

第十章 虎豹铁骑荡群雄
——沛国夏侯氏

同年马超卷土重来，率领羌人、胡人进攻陇西，各郡县都起来响应。只有凉州刺史韦康在冀城（今甘肃甘谷东）坚守不降。马超兼并陇西所有部队，又得到张鲁派大将杨昂所率援军的帮助，集中一万余人进攻冀城。马超军将冀城重重围困，从正月一直猛攻到八月，朝廷救兵也没到来。守军待援无望，于是，刺史韦康及太守不顾杨阜的劝阻，向马超献城投降。马超入城后，杀死韦康及太守，自称征西将军、凉州牧，掌管凉州地区的军政大权。这时曹操方令夏侯渊率军驰援冀城，夏侯渊未到而冀城已落入马超之手。当夏侯渊军进至距冀城200余里时，马超军出城迎击，夏侯渊军与战失利。此时，又有氐人首领从兴国（今甘肃秦安东北）起兵响应马超，夏侯渊恐腹背受敌，遂率军撤回。

同月，原冀城属吏杨阜不满马超残暴，借为妻子办丧事之机逃出，投奔驻军历城（今甘肃西和北）的表兄抚夷将军姜叙，劝说他以所属兵力铲除马超，为韦康等报仇雪耻。姜叙又联络赵昂、尹奉、李俊等人，秘密磋商讨伐马超的谋略。他们先派人进入冀城暗中结交梁宽、赵衢，使他们在城中作内应。九月，杨阜与姜叙率兵袭击卤城（今甘肃礼县境），赵昂、尹奉进兵占据祁山城（今甘肃西和东北）。马超闻讯大怒，赵衢趁机故意怂恿马超亲自出城进击。等马超一出城，赵衢和梁宽立刻紧闭城门，把马超的妻儿老小全部屠杀。杨阜率军与马超决战，身负五处重伤，终于将马超击败，马超向南逃窜，投奔汉中张鲁。

张鲁，字公祺，沛国丰县（今属江苏丰县）人，东汉末五斗米道首领，五斗米道创立者张陵（张道陵）之孙。汉初平二年（191年），曾在益州牧刘焉手下任职督义司马，后与别部司马张修率徒众攻讨汉中太守苏固，共取汉中，后来张鲁杀掉了张修，独据汉中；刘焉死后，其子刘璋继任，尽杀鲁母家室，张鲁叛变，建立政权，以五斗米道教民。

张鲁少膺祖训，在各地设立义舍，置义米义肉，免费提供给过路者食宿，又怕人多吃，特地在教规上加了人若食用过量，鬼能使其生病。如有人生病，张鲁将病人引入静室，令其思过，然后要病患写上自己姓名，一式三份，称为三官手书，其一上之山，着山上，其一埋之地，其一沉之水。并发布禁止酿酒、春夏禁止杀牲的命令，史称民夷便乐之。犯法者原宥三次，再犯才处以刑罚。小过者则修治道路百步。他的政权持续近三十年，在动荡东汉末年属于比较安定的地区，因此很多人迁居到那里。建安二十年（215年），曹操攻汉中。张鲁先退避到巴中（今四川巴中），后封存库藏降曹，曹操很看重他，任镇南将军、封阆中侯迁还中原，诸子皆封为侯。

建安十九年（214年）春，马超在张鲁支持下，为夺取凉州，第二次卷土重来，包围祁山（今甘肃西和东北）。杨阜、姜叙向驻守长安的护军夏侯渊紧急求援。有人说，须报请曹操批准，然后才能发救兵。夏侯渊认为："曹公在邺城，往返四千里，等到他答复，杨阜、姜叙他们早已经失败。"于是，当机立断，立即出兵援救祁山。命将军张郃率5000步骑兵，担任先锋，从陈仓小道而入，夏侯渊亲自督粮在后。张郃进至渭水。马超未战便即败走，张郃率军收捡马超军遗下的器械。夏侯渊到时，诸县皆已投降。马超战败，退走汉中，依附张鲁，认为张鲁难成大事，又不敢再与夏侯渊交锋，听说刘备正在进攻成都，于是就近投降了刘备。

八虎上将

曹八将是因为京剧中曹操身后总站八员上将，所以叫"曹八将"或"八虎上将"，分别是：痴虎将许褚；二虎将张辽；三虎将乐进；四虎将李典；五虎将曹仁；六虎将曹洪；七虎将夏侯渊；八虎将夏侯惇。

因典韦早死，徐晃又另称"无敌将"故不在其列。

夏侯渊在击败马超后，欲进攻驻军显亲（今甘肃秦安西北）的韩遂。韩遂获悉，避走。夏侯渊尾追至略阳城（今甘肃秦安东北陇城镇），离韩遂军只有30余里，部将中有的主张立即进攻，有的建议转攻兴国（今甘肃秦安东北）。夏侯渊则认为："韩遂军兵精，兴国城固，进攻也不能马上占领，不如击韩遂军队中羌人的老窝。羌人必回救其家。我们就可以与来救的人野战，这样我们就掌握了战场主动权了"。于是，夏侯渊留部将看守辎重，亲率精兵轻装疾进，纵火攻焚其屯兵处，斩获甚众。韩遂闻讯，果然率兵回救。夏侯渊韩遂对阵，部将见韩遂势盛，都建议挖战壕筑营坚守，暂避敌锋。夏侯渊指出："我们转斗千里，如果再营建战壕，则士兵们一定更加疲劳，不如速战"。遂下令击鼓冲锋，士兵奋勇争先，一举击溃韩遂的军队，得其旌麾，并乘胜包围兴国。夏侯渊以攻其所必救的战法，调动敌人争取主动，大破韩遂，是其军事生涯的杰作。

第十章　虎豹铁骑荡群雄
——沛国夏侯氏

另外夏侯渊还用一个月多点的时间捎带干掉了陇上自称"河首平刘邦"，称霸足足三十多年的宋建。连曹操都惊叹："宋建造为乱逆三十余年，渊一举灭之，虎步关右，所向无前。仲尼有言'吾于尔不如也。'"于是，曹操终于可以西征张鲁，夏侯渊率军与曹操会师，攻降张鲁，占领汉中（今属陕西）。夏侯渊因功被封为博昌亭侯。曹操回师时，留其守汉中。

定军山

夏侯渊达到他人生鼎盛之时，却不想已接近他生命的终点。曹操降张鲁占汉中后，蜀国法正向刘备建议攻取汉中，刘备采纳建议，于是进兵汉中。刘备率主力渡过沔水，顺山势隐蔽疾行，迂回到阳平关侧后之定军山（今陕西勉县南），依据险要地势，待机歼敌。时夏侯渊派张郃保护东围，自率轻兵保护南围，刘备奔袭张郃，由于张郃作战不利，夏侯渊分出半数兵力，增援张郃。夏侯渊为摆脱被动，于是率兵争夺定军山。在此遇到黄忠大军，夏侯渊终于在兵力处于明显劣势下被杀。

而关于夏侯渊的死，在《三国志》中有两种说法：一是夏侯渊的传记中写到"二十四年正月，备夜烧围鹿角。渊使张郃护东围，自将轻兵护南围。备挑郃战，郃军不利。渊分所将兵半助郃，为备所袭，渊遂战死。"二是黄忠的传记上写到"建安二十四年，于汉中定军山击夏侯渊。渊众甚精，忠推锋必进，劝率士卒，金鼓振天，欢声动谷，一战斩渊，渊军大败。"大概内容可以看出，刘备进攻时，夏侯渊在兵力不足（轻兵）的情况下还分兵一半帮助张郃，遇到黄忠，虽然"渊众甚精"，但是终于在兵力处于明显劣势下被杀。

《三国志》中引用曹操话来责怪夏侯渊"初，渊虽数战胜，太祖常戒曰：'为将当有怯弱时，不可但恃勇也。将当以勇为本，行之以智计；但知任勇，一匹夫敌耳。'"三国时代因为勇猛而过分自信终遭杀身之祸的名将倒不在少数，只是可惜了夏侯渊，在当时被称为"所向无前"的武将就只有夏侯渊和猛虎孙坚，这是他的优点，也成为他致命的缺点。

夏侯渊战死后尸体留在蜀国，张飞的妻子是夏侯渊堂侄女，便"请而葬之",以尽其孝道。除了他们之间有亲属关系之外,还有一个感人的原因就是:在曹操、夏侯渊尚未发迹之前,其家乡遭兵革"大乱",夏侯渊家中生活极其困难,缺少充饥的粮食,为养活张飞的妻子,也就是当时他死去弟弟的女儿,夏侯渊忍痛丢弃了自己最小的儿子以减少粮食。后来夏侯渊随曹操起兵征战,这孤女留在家乡,"出行樵采"时为张飞所得,遂以为妻。因此,张飞的妻子不仅是夏侯渊的堂侄女,而且夏侯渊对其还有活命养育之再造大恩。张飞妻女后来对夏侯渊厚葬,不仅仅出于孝道,而且还是其报恩的表现。

后来,魏国司马懿发动政变,夏侯渊的次子夏侯霸,害怕株连,惶惶然投奔蜀汉,在阴平道上迷了路,因粮草尽绝,只得杀马充饥,步行又打破了脚,狼狈不堪。蜀汉方面闻报,急忙派人迎接。夏侯霸到了成都后,刘禅亲自接见,特地向他解释说明:"你的父亲夏侯渊是在战场上不幸遇难的,而不是我的先父杀他的,请你原谅。"刘禅还指着自己的儿子云:"这是你夏侯家的外甥啊!"(张飞之女为蜀后主刘禅的皇后)从此刘禅对夏侯霸"厚加爵宠",官至车骑将军,成为了蜀汉后期的重要将领之一。

◎ 夏侯惇:独目苍狼

拔矢啖睛

夏侯惇,字元让,是夏侯渊之族兄。作为西汉开国猛将夏侯婴的后人,夏侯惇自幼以祖为荣,习练武功,其凶狠暴烈的秉性从小就显现出来。他十四岁拜师学武,善使长枪,有人辱骂他的师父,他不与其骂,不与其打,而是直接把这个人给杀了,从此以勇气闻名于乡里。当他听说他的本家兄长曹操(曹操之父原姓夏侯)起兵讨伐董卓的消息后,就和其族弟夏侯渊各带千名壮士投奔,从此他成为曹操阵营中最早的将领

第十章 虎豹铁骑荡群雄
——沛国夏侯氏

之一,也是曹操最亲密的部属。

夏侯惇第一次战场发威是在汉献帝初平元年(190),曹操与袁绍等起兵讨伐董卓,曹操任奋武将军,夏侯惇为司马。当时,董卓被讨伐联军击败,弃洛阳而走,曹操前往追击,正遇董卓之义子吕布,此时吕布已是天下第一猛将,而夏侯惇毫不在乎,一句话没说挺枪跃马就与这位曾独战刘、关、张桃园三兄弟的高手交锋了,吕布不但自己武功盖世,又有左右两军前来助杀,夏侯惇抵挡不住,拖枪而败。面对吕布,夏侯惇是毫无办法,但面对同是董卓部下的徐荣,夏侯惇就没那么费力了。当徐荣进攻曹操的危急时刻,夏侯惇挺身而出,大喝:"徐荣勿伤吾主!"紧接着与徐荣交手,几个回合就将徐荣刺于马下,并杀散了徐荣的军队。此战终于使败于吕布之手的夏侯惇挽回了面子。

最令人印象深刻应该是征讨吕布时,夏侯惇拔矢啖睛。他作为先行军与吕布麾下名将高顺的军马遭遇。夏侯惇挺枪直取高顺,大战约四五十回合,杀得高顺盔歪甲斜,败下阵来,夏侯惇不想放弃,纵马直追高顺。这时,高顺军中的将领曹性看见了夏侯惇,此人看准时机,张弓搭箭,一箭射去,正中夏侯惇的左目。夏侯惇疼得大叫一声,急忙用手拔箭,不想用力过猛,将血淋淋的眼珠子给拔了出来,他厉声大喊:"父精母血,不可弃也!"迅速将眼珠放入口中吞掉。此时的夏侯惇胸中之恨胜过眼上之痛,他不顾眼眶鲜血崩流,提枪纵马,直奔放暗箭的曹性,被眼前景象吓得目瞪口呆的曹性还没反应过来,就被夏侯惇一枪刺透了脑袋,死于马下。而夏侯惇也已疼痛得无法再继续作战,由夏侯渊掩护退兵。从此,夏侯惇就成了独眼将军。

正史中并无记载夏侯惇啖睛之事,只是指出他盲一目,这一段正是《三国演义》的罗贯中虚构的,让夏侯惇在重伤的情况下杀了曹性,且"两边军士见者,无不骇然。"两边军士的"骇然",正是罗贯中要所有读者对夏侯惇的心态。虚构的当然有作者的意图,而这段作者的意图毫无疑问是要褒扬夏侯惇的。一般武将都是眼睛被弄伤,之后被杀的,而夏侯惇能在这种情况下反败为胜不只是武勇可以形容的,简直可以说是恐怖。

有勇无谋

夏侯惇成了独眼将军后，勇猛不减，他也善理内政。曹操为州牧时，夏侯惇为折冲校尉，领东郡太守。曹操东征陶谦，留夏侯惇守濮阳。以后，夏侯惇随曹操征讨吕布，收复下邳、徐州诸地。战后，任陈留、济阴两郡太守。时值大旱，夏侯惇率军民阴断太寿河水，筑陂塘灌溉农田，百姓受益。不久，调任河南尹。曹操平定河北后，夏侯惇为曹操镇守后方，立下功劳，升伏波将军，仍兼任河南尹。建安二十一年（公元216），夏侯惇随曹操东征孙权。战败归来时，曹操留他和曹仁、张辽带兵屯驻居巢（今安徽巢县西南），以防吴兵。建安二十四年（公元219），关羽围樊城，夏侯惇随曹操南征关羽，驻军摩陂（今河南郏县东南），被授予前将军。

而夏侯惇也有其致命弱点，就是欠缺智谋。欠缺一目，尚可征杀，欠缺智谋，必遭失败。

在《三国志》上有段极丢人的记载：吕布退却濮阳城后，抢到了夏侯惇的辎重。然后派遣一将向夏侯惇诈降，夏侯惇没有怀疑，等到天黑后，这个人逮着机会，执刀挟持了夏侯惇，要他拿钱买命，夏侯惇的部下全傻眼了。幸亏副将韩浩勒兵安抚人心，军心乃定。然后韩浩派人跟那个恐怖分子沟通，说："我们不会仅仅因为死掉一个将军，就让你破坏我们的整个部署，要杀要剐悉听尊便！"然后转头对被挟持的夏侯惇说："请以国法为重！"下去后马上召兵来攻打持质者。持质者见势力不妙，马上丢掉兵器叩头，说："我不过是想讨点路费，请饶命！"韩浩骂了他们几句，就把他们杀了。夏侯惇脱险后，曹操知道了这件事情，褒奖韩浩说："今后有持质者，照此次办理，不要顾惜人质"。夏侯惇堂堂大将，居然被绑票，行军打仗可见其疏忽。

还有后世津津乐道的"博望坡大败"，《三国演义》中夏侯惇作为诸葛亮的试验品，火烧了博望，成就了卧龙大名，不过这里要说明的是事实并非如此，不过也相去不远。真正的"博望坡之战"，攻方是刘备。"刘表使刘备北侵，曹操遣李典和夏侯惇迎击。刘备设伏兵，等夏侯惇等追过来,夏侯惇率军接近设伏地点,李典说:'刘备无故而退,必有伏兵。前面的路狭窄,草木茂盛,最好不要追。'惇不听,与于禁冲进陷阱,李典留守。夏侯惇果陷入埋伏,要不是李典前来救他,几乎不能脱身。"所以,历史上的"博望坡大败",实际上只是刘备一次试探性的小规模伏击,并没有如罗贯中笔下所言"横遍野,血流成河"那般离谱,不过夏侯惇表现得也确实很糟糕,难怪罗贯中后来要拿他开刷。我们从夏侯惇少有的几次战役纪录来看,他确实少有胜利,如他前面被高顺击败,此次又中刘备的埋伏,夏侯惇在行军作战的能力确实好像没有他在后勤补给方面强,曹操因此总让他为大军殿后。

火烧博望,功在何人?

《三国演义》中说,诸葛亮略施小计,在博望坡用火攻败曹军,终令关、张等人折服。书中还有赞诸葛亮曰:"博望相持用火攻,指挥如意笑谈中。直须惊破曹公胆,初出茅庐第一功!"

然而,历史上火烧博望坡这场战斗进行之时,诸葛亮尚在南阳躬耕,没有出山。据《三国志·先主传》,刘备投奔荆州刘表后,刘表使刘备屯兵新野,以拒夏侯敦、于禁、李典等所领曹兵于博望。两军相持了很长时间。一日,刘备伏兵于路旁,自烧屯营伪遁。夏侯敦不知有诈,率兵追之,为伏兵所破。原来火烧博望坡之战乃刘备亲自指挥,功在刘备,与诸葛亮毫无关系。

刘备虽此战获胜,但曹兵损失并不多。但由于刘备与曹兵交战胜绩较少,所以火烧博望坡之战才被《三国演义》大肆渲染。另外,据《三国志》,博望坡之火系刘备为引曹兵入伏,伪遁前自烧屯营而起,非如《三国演义》所言先将曹兵引入伏内,后用火攻。

历史上的刘备多给人以政治家的印象似少军事才能,博望坡之战表明他还是一个军事家。

曹操赤壁败北之后,夏侯惇几乎再未出战。那时期,张辽徐晃都如日中天,至于痴虎许褚则在与马超大战中名扬天下。夏侯惇多数是"接应","押运粮草"云云。在汉中之战前,有个谋士说"此大事也,需调曹仁夏侯惇商议",这有点内阁的意思,但在取汉中战,终究也只是个押运粮草而已。

我们可以得出结论，夏侯惇只是一名勇将，但即便如此，夏侯惇在曹操心目中的地位仍是非常高的，每当有战事，曹操定命夏侯坚守最重要的地方，从这点看，夏侯本人性格达实，两肩能担任何重任。他以后的官职都是靠自身的修养及其能力慢慢提升得来的，每一个人都隐藏着一种魅力，而夏侯惇却隐藏一种使人信赖及尊敬的气质。夏侯惇此后官运日隆，公元219年，曹操屯兵摩陂，攻击关羽，曹操召惇常与一同坐车，特别亲密，出入卧内，诸将没有人可以与之相比。而曹操不久便死去，曹丕登基称帝，夏侯惇受封为魏国的大将军。几个月后，这位大将军因病去世，离曹操之死只有八十天。夏侯惇戎马一生，拼杀一世，论地位显赫，曹军中名列前茅；论独特之相貌，曹军中当为第一；论与曹操之亲密度，也当属第一；论作战猛烈度，曹军中仅次典、许；论用兵之谋，则为名将中之倒数。由于"尊刘贬曹"的罗贯中的极力渲染，夏侯惇成为《三国演义》诸风云人物中的一大反面形象，不过也正是罗贯中的渲染，夏侯惇才从历史上一个颇为平淡的角色变成了一个非凡猛将的形象。

◎ 历史上的夏侯姓名人

东汉末年，建立魏国的最初力量实际上皆出于夏侯氏之门。夏侯家与曹家实际上是"命运共同体"，曹魏强盛时，夏侯氏个个飞黄腾达，等到曹魏大权旁落时，夏侯氏也跟着一起完结。从夏侯玄死后，夏侯一家对曹魏政局的影响力也逐渐减少，逐渐默默无闻了。

夏侯氏地望在谯国，今安徽亳县。夏侯名人在汉、唐之际层出不穷，如有西汉太仆夏侯婴、《今文尚书》学"大夏侯学"的开创者夏侯胜、"小夏侯学"的开创者夏侯建，晋代有文学家夏侯湛、画家夏侯瞻（据说是夏侯渊一门的后代），唐有夏侯审，为大历十才子之一，宋代有辞赋家夏侯嘉正。

第十一章　天道好还——河内司马氏

司马一姓起源于古代的职官名。相传帝少昊开始设司马一职，掌管军政和军赋，周朝时称为夏官大司马。周宣王时，帝颛顼的后裔程伯休父任司马，因他打败了分布于今淮河中下游的涂戎（又称涂方、涂夷），立下大功，便赐司马为姓。此后，程伯休父的子孙以获得这份官职为荣，因此有一部分人就以司马为姓，称司马氏。另外，许氏、郝氏也有改姓司马的，如许穆之、郝惔之就是，他们的后世子孙也以司马为姓。

三国时期的魏国权臣司马懿、司马师、司马昭。司马懿是魏国大将军，在曹芳即位后，和皇族曹爽受遗诏辅政。后来他杀曹爽专国政。司马昭继其兄司马师之后，也为魏大将军。"司马昭之心，路人所知也"，这句大家熟知的话出自魏帝曹髦之口，曹髦后被司马昭所杀，改立曹奂。后来司马昭自称晋公。他死后，其子司马炎建立了晋王朝。

代表人物：司马懿　司马昭
对政局影响：司马懿、司马昭晋朝的先驱者，时人常以"南诸葛，北司马"并称。
溯本追源：相传为司马迁家族的后裔。
家族兴衰：公元280年，司马炎灭吴，统一了中国，建立统一王朝——西晋。

第十一章 天道好还
——河内司马氏

◎ 司马懿：奸臣之烙印

司马非人臣

自晋朝以来，历代都把司马懿说成奸臣，五胡时的后赵皇帝石勒鄙视他欺负孤儿寡妇，甚至耻笑他这种奸恶之人也能开创大业，甚至他的子孙晋元帝听说他的事迹后，竟羞得以袖遮面，在这种舆论下，其历史地位逐渐被湮没，甚至他故乡的地方志都不敢入录司马懿之名。

人们之所以这样说，是因为历代统治者是以儒家为正统，就是强调一个忠字，司马氏篡魏毕竟是事实。实际上，司马懿还有存魏的功业，却没人看到。在他心目中，魏国的天下他是有份的，他已经做了忠臣该做的事情，或许是为了对得起曹操的知遇之恩，他终身没有代魏自立，只是致力收拾三国残局，之所谓"非常之雄"。但是，人是会变的，在他得不到相应的酬劳，生存又受到威胁，他就要采取被世人唾骂的行动了，这一点上，司马懿又只是一个普通人了。

司马懿，字仲达，三国时河内温县（今河南禹县）人。他出身士族，是名门之后，祖父司马儁曾为颖川太守，其父司马防曾任京兆尹，背景可谓不错。

少年司马懿，少有奇才，聪明多谋，博闻广识，常慨然有忧天下之心。同郡人南阳太守杨俊以善于知人闻名。一日见了司马懿后，对人说："此儿长大，定为非常之器。"

司马懿原来也想做个忠臣，流芳百世美名远扬。当年，他因不满曹操挟天子而令诸侯的叛臣行径，心中还感念汉朝，加上曹操乃宦官之后，所以"不欲屈节曹氏"。

东汉建安六年（公元201年），曹操得知司马懿的名声，决定辟请为官。司马懿推说身患风痹，不能起居，拒绝征辟。曹操为人机警而多疑，于是立即派人前去验证虚实。司马懿"坚卧不动"，骗过了来人。但骗得了来人，骗不了曹操，曹操心里明白，只是一时不便发作。曹操自任汉室丞相后，他又想起了司马懿，再派人敦请司马懿出仕，走时对使者说："司马懿如果再磨磨蹭蹭，就把他抓来！"这时候的司马懿审时度势，只好"惧而就职"。

曹操随即任命司马懿为丞相府文书，并命他辅佐其子曹丕，君臣很快就相处得不错，月余司马懿就升为秘书处主任。

司马懿为人老成，极有城府，曹操阅人无数，当然看得出，他曾经说过"司马懿非人臣也"虽然对司马懿的才能非常赏识，但对他就很戒备。一次，曹操忧心忡忡地对儿子曹丕说："司马懿与你关系虽好，但他终将不甘心位居臣下，将来必干预我家。"

曹操又听说司马懿有"狼顾相"，想检验一下，于是借口让司马懿办事，趁他往前走，突然叫住他，司马懿回头，面正向后方而身子不动，果然，这就是所谓的"狼顾相"了，历史上乱臣贼子的天生标志。

曹操又曾梦见三马同食一槽，心中不禁警觉。槽与曹同音，马"食槽"是否预示着司马氏将侵夺曹氏天下？于是他开始非常讨厌司马懿，起了杀心。

曹操的多疑

凡看过《三国演义》的人都知道曹操有多疑、奸诈的性格特点，故人们称他为奸雄。当年曹操欲刺杀董卓的阴谋暴露后畏罪潜逃，途中得到陈宫的帮助在吕伯奢家借宿一夜。吕伯奢热情地杀猪款待，但曹操听到磨刀声，以为吕伯奢要杀他，便不分青红皂白地将吕伯奢一家八口杀之。事后，才知错杀。后来曹操为取代汉帝作准备，假借洛阳行宫旧殿多妖为名，意欲另建宫殿。他令人到跃龙祠砍伐大梨树作为大殿之梁，却遇到了乡亲们的反对。曹操大怒："普天之下，上至天子，下及庶人，无不惧孤，敢违孤意！"言讫，拔剑砍树，却突然大叫一声，发生惊厥，头疼痛不可忍。急传旨求华佗医治。华佗诊脉视疾后，认为头痛是"因患风而起"，需用利斧砍开脑袋，取出风涎，方可根除。曹操闻后大怒，疑华佗要杀他，故把华佗投狱致死。此后，曹操病势越来越重，疑心焦虑也越来越多，常说"孤纵横天下三十余年，群雄皆灭，只有江东孙权、西蜀刘备未曾剿除"，实在放心不下，因为夜梦三马同槽而食，对司马懿父子三人也狐疑不定，忧心忡忡，弄得病势转加，最后气绝而死，寿六十六岁。据现代医生考证，曹操是死于中风。而思想长期处在矛盾、焦虑、多疑、盘算之中，肝阳上亢，是酿成中风的根源。

第十一章 天道好还
——河内司马氏

司马懿观察敏锐,当然明白。他在曹操在世之时,韬光养晦,不露锋芒。关键是不留半点借口,于是他勤于吏职,废寝忘食,曹操见他如此能干,又无下手理由,于是暂且按下对他的怀疑。当然,曹丕的多方回护,也是司马懿免于被害的重要原因。

曹丕"东宫四友"

曹丕的"东宫四友"以司马懿为首,其他三位是丞相侍中陈群、朝歌长吴质、羽林军统领朱铄。他们在魏武时期就属于曹丕一党。曹丕代汉后,也对这几人不薄。其中司马懿、陈群在曹丕死后被任命为顾命辅政大臣。

就这样,司马懿就在被猜忌中凭借才干一步步上了权力的巅峰,直至受遗二主,佐命三朝,诡诈多疑的曹操被他所蒙蔽,从这里可以看出,司马懿确实是不简单,不过,这个年轻人在那时可能真是一个忠臣,忠臣无须伪装,曹操自然放心。

祁山撼诸葛

蜀国诸葛亮恢复与吴联盟、平定南中后,就北伐曹魏,这就是人们常说的"六出祁山"。在后人看来司马懿的名气似乎都是靠和诸葛亮对阵得来的,在罗贯中的笔下,司马懿非诸葛亮之敌,然历史上的事实并非那么简单,人由弱变强乃是一个过程。

在蜀汉建兴六年(228年)春,诸葛亮令赵云等作疑兵,自己则率主力向祁山(今甘肃西和县祁山堡)方向进攻。当时魏人只知蜀国有刘备,而不知诸葛亮,以为刘备一死就可高枕无忧,结果毫无准备,南安、天水、永安三郡叛魏应亮,关中大震。刘备在死前曾对诸葛亮说过:"马谡言过其实,不可大用。"这次行动马谡违背部署,丢了街亭;与此同时,赵云、邓芝也在箕谷为曹真所破,只有王平结阵徐还,诸葛亮不得已,只得退回汉中,是为诸葛第一次北伐。演义上所说司马懿中了诸葛亮离间之计被皇帝罢官,这是不真实的,此时的司马懿,正在宛城做荆州刺史,无缘与诸葛亮交战。

随后的诸葛北伐仍大司马曹真防御,司马懿终于有了机会与诸葛亮一决高下是在诸葛第四次北伐。

第四次北伐是建兴九年，蜀军包围祁山，此时大司马曹真有疾，魏帝于是命令司马懿统帅大军迎击。

这是司马懿有生以来第一次统帅大军作战，此前他只是曹丕谋士，因深得其信赖方进而成为顾命大臣，本身并无实战经验。此时他立功心切，派精兵四千守营，不听张郃分出预备队的建议，全军出动，西救祁山。结果被蜀军魏延打败，损失三千余人。

司马懿终于明白自己指挥能力的局限，野战不如诸葛，再知蜀军远来，军粮不多，于是决定凭险坚守，拒不出战。诸葛亮只得班师，司马懿一时间得意，命令张郃追击，身经百战的张郃说："兵法有云，归兵勿追！"司马懿不以为然，强迫张郃追击，张郃无奈，只得奉命，果然遇到埋伏，一代名将被乱箭射死。这件事上司马懿难辞其咎，他当时在军事上还是幼稚的。大司马曹真去职，而司马懿军事才能尚属幼稚，所以魏军的态势日趋消极，只靠粮多获胜。

公元234年2月，诸葛亮发动第五次北伐，也是他最后一次与司马懿较量，他调动十万大军入寇，并遣使约吴国同时伐魏，准备决战。面对诸葛亮咄咄逼人的攻势，司马懿根据与诸葛亮对阵的经验，明白诸葛亮想野战，于是他决定扬长避短，筑营阻拦，不与蜀军作战。诸葛亮只好到达五丈原扎营，分兵屯田，作长期战争的打算。吴军攻魏不胜，单方面撤军。

八月，消息得来，诸葛亮积劳成疾，病情日益严重，不久逝世。最终司马懿准确判明形势，避己之短，顶住压力，终于战胜诸葛亮，雪洗最初败军覆将之耻，他的军事才能已经臻于成熟。当然，司马懿的胜利和魏的强大国力雄厚是分不开的，这乃是根本原因。

顺便说一句，诸葛亮出师北伐共为五次，真正出兵祁山只有二次，还有一次是魏军进攻汉中，不是诸葛亮出击。后世概而言之，说成是"六出祁山"。

十日克孟达

孟达本是西蜀大将，公元219年，关羽发动襄阳战役时，兵力不足，多次求援孟达，他按兵不动，致使关羽兵败被杀，于是畏罪率兵投降曹魏。

第十一章 天道好还
——河内司马氏

司马懿知其反复无常，劝魏文帝曹丕小心提防。曹丕不听，封孟达为新城太守。太和元年（227年），曹丕病逝，孟达疑惑司马懿对他不利，于是又与蜀汉联络。

司马懿已经料定孟达必反无疑，决定消灭孟达。为了充分做好准备，他又施以迷惑之计，致信孟达，说魏国对他一向十分器重，不信他真与蜀军相通，孟达因此犹豫不决。

同时孟达认为司马懿驻地宛城远距洛阳八百里，上庸又远离宛城一千二百里。即使司马懿起兵，也必须奏报魏帝，待批复后，才能出兵，来回最少一个来月。因此，他就不急于布防。

那知，司马懿当机立断，先斩后奏，立即调兵遣将，奔袭孟达。

太和二年（公元228年），司马懿亲自率领一只精锐部队，昼夜兼程，兵逼上庸城。孟达的城防布置刚刚开始，只好仓促组织抵抗。他求救蜀国诸葛亮说："我反魏仅8天，司马懿即已兵临城下！"西蜀东吴急忙派兵援助孟达。司马懿也分兵阻击两线援军，致其无法接近上庸。

司马懿昼夜不停地轮番攻城。孟达军心动摇。孟达的外甥邓贤、部将李辅开城门投降。魏军攻入城中，杀死了孟达，此时距其出兵仅有十日。

奔袭上庸战役不大，但司马懿的指挥非常出色。他打破陈规，先奏后斩，出其不意，这一战役充分显示了司马懿的谋略和性格。

一年平辽东

司马懿年逾六十还兴兵远征辽东割据政权公孙氏，攻其所必救，铲除了"百年之寇"，这又是一出大戏。

公元237年，辽东太守公孙渊背叛魏国，自立为燕王，有精兵数万，抗衡曹魏。

魏明帝曹睿棘手，待司马懿从长安回洛阳后，才将平叛提上议程。司马懿说只需4万人马。曹睿以为兵少路远，难以取胜。司马懿说："兵不在多，只要善谋，就能出奇制胜。"曹睿又问需要多长时间，司马懿说，来去合计，只需一年。曹睿一听，非常高兴，便派司马懿率军4万前往辽东平定叛乱。这一年，司马懿已经五十九岁了。

司马懿伐辽东咏怀诗

天地开辟,日月重光。
遭逢际会,奉辞遐方。
将扫芜秽,还过故乡。
肃清万里,总齐八荒。
告成归老,待罪舞阳。

——司马懿出讨辽东,途经故里,歌以咏怀。

公孙渊得知司马懿将要亲自率兵前来,很是害怕,立即遣使向东吴孙权求救,请其北上,牵制魏军,声援辽东,但孙权以司马懿"善用兵,变化若神",对公孙渊并无信心,所以行动消极。

魏军到达辽河西岸时,燕军已在辽河东岸筑起了一道长达六七十里长的防线,修建了坚固的营寨。魏军到达后,燕军坚守不战,企图拖垮魏军。

司马懿声东击西,命令分兵向敌军的南翼猛攻。燕军见魏军攻势凶猛,唯恐南翼有失,急调精兵前去救援。

司马懿见燕军精兵已急赴南翼,立即率大军从燕军北部偷渡辽河。过河后,随即命令部队沉掉了渡河的船只,毁掉了浮桥,逼近燕营。然而,司马懿并不进攻,而是傍辽河构筑工事,摆出持久作战的姿态。

部下奇怪,问道:"将军何故避敌如此?"司马懿不慌不忙道:"敌军凭坚自守,企图疲惫我军,我们如去攻打,岂不正中下怀?兵法云,攻其必救,可迫敌出战。燕军主力集结辽河,后方空虚,我军直指其老巢襄平,它必回兵救援。我军以逸待劳,必然大胜!"

燕军见魏军突破辽河天险,却并弃营不攻,直扑燕都襄平,果然惊恐,生怕老巢不保,立即全军回援襄平,追截魏军。司马懿引诱燕军到有利地形,立即下令回师猛击,三战三捷。残余燕军逃回襄平自守。

时值多雨,辽河河水猛涨,襄平城郊化为水乡,有的地方深达数尺。魏军泡在水中,处境十分尴尬,纷纷要求迁营。司马懿却传令道:"有敢言迁营者斩首!"有一都督又要求迁营,司马懿果断将其斩首示众。

公孙渊见此,就命令城中守军出城放牧。有的将领见有机可乘,就要求消灭出城敌军,司马懿又不准。部下问他:"将军过去打孟达,八路并进,日夜攻打,只用了6天,就攻破了城池。现在我军远征,为何反而不急于进攻?"

司马懿笑着说:"当年孟达兵少粮多,可支一年,我军人数 4 倍于敌,粮食却仅支一月,以一月图一年,能不速战速决?所以不计死伤,猛攻上庸。现在情况不同,敌众我寡,敌饥我饱,又逢大雨,难以速战速决。此次出兵辽东,我不怕公孙渊坚守,只怕公孙渊逃跑。我军粮草充足,燕军粮草将尽。如果消灭出城燕兵,抢走他们的牛马,等于迫使公孙渊逃跑。燕兵依仗人多和大雨,不肯认输,则正中我军下怀。"众将听后都心服口服。司马懿于是按兵围住襄平,暗中则准备楼车等攻城器具。

不久雨停水退,燕军粮草断绝。魏军发动了猛烈攻势。司马懿指挥魏军将士筑起土山,登高俯射城中,其箭如雨,昼夜不息。公孙渊情急,乃使缓兵之计,遣使求和,要魏军先撤围,然后他自缚请罪。

司马懿识破其谋,将来使斩首,表示拒绝。公孙渊不甘,又派请求以子为质,以图撤围。司马懿回话:"既敢对阵,或战或守或走,三者都不能,就应降应死,岂有求和之理。不必以子为质!"

公孙渊绝望,只好拼死抵抗。燕军早已饥疲不堪,军心瓦解,于是部下私自开城投降。魏军入城后,屠杀燕军百姓七千多人。公孙渊企图突围,结果死于乱军之中。

司马懿孤军远征,平定辽东,终结公孙氏在辽东的百年盘踞。他因势而动,以少胜多,足见其灵活卓越的指挥才能。

高平陵事变

司马懿自辽东返洛不久,魏明帝曹睿病死。魏明帝临死前,拉着司马懿的手,将年仅 8 岁的太子曹芳托孤于他。司马懿匍匐在地,泪流满面,受命与大将军曹爽共辅幼主。

就史料记载而言,当时的司马懿,跟世人印象中的司马懿不同,他受托孤后,并没有把曹爽当作政敌,司马懿对曹爽虽有不满,但一直到 244 年,曹爽攻击蜀汉,大军困在峡谷,司马懿还担心他失败丧命,劝其退军。

曹爽

曹爽,字昭伯,谯(今安徽亳县)人,曹真子。魏明帝时官至武卫将军。明帝死,受遗诏与司马懿同辅少子。爽用丁谧策,改懿为太傅,名为尊重，实夺其权。懿遂称疾避爽，却密谋夺权。爽之亲信李胜见懿，懿称病重，胜信之。及后发生高平陵事件，懿诛爽及其党，夷三族，时在嘉平元年（249年）。

司马懿最大的目的，不是反击曹爽，而是夺取仕途上的主动权。当时司马懿不但没有任何叛逆迹象，而且声望正值高峰，受到朝野一致爱戴。只看出他的权力欲望，看不出他的忠贞，就司马懿本身而言，他所受到的诟骂与诅咒，并不公平。

太子曹芳继位后，司马懿与曹爽共掌朝政。曹爽因司马懿德高望重，起初对他恭敬有加，不敢专断独行。后来有人说："司马懿有大志，且甚得人心，您不可推诚信任。"曹爽遂对其猜疑提防。

曹爽下令朝中奏事先经自己，而后才通报司马懿。曹爽还使魏少帝下诏，提升司马懿为太傅，明升暗降，削其兵权。

随后，曹爽为了立威，不顾司马懿等大臣的反对，强行伐蜀，结果正如本节开头所说，差点丧命。

正始石经

正始石经是三国魏时刊刻的碑石经书，又名《魏石经》《三体石经》。刻制于魏少帝正始二年。遗址在今河南省偃师县佃庄乡。

石经刻《尚书》《春秋》二书，是用篆文、古文、隶书三种字体书写的。北朝时期正始石经多次迁移，并遭毁损。现在最大的一块残石分为半块，一块存于中国历史博物馆，一半存河南省博物馆。

曹爽专制，司马懿失权，两人冲突逐渐激化。在开局不利的情况下，司马懿韬光养晦，他以退为守，告病居家，不再过问朝政。

由此，曹爽的野心日益膨胀，竟欲夺取皇位，但唯司马懿为忧。

曹爽派心腹前去观察这个称病居家、不问朝政的太傅。当曹家人来访时，司马懿立刻猜出了他的来意，于是决定将计就计。那人来到司马懿的卧室，只见司马懿躺在床上，不能动弹，由旁边两个侍女喂粥，粥都撒满了前胸。

司马懿还故作哀愁状，说："我年老病重，死在旦夕。我的儿子司马师、司马昭放心不下，请日后一定多加关照啊。"并有意答错使者的问候，以示年老昏聩。

使者回去后，将其在司马懿处的所见所闻详细地告知曹爽，并说："司马懿不过是尚有余气的尸体而已，形神已离，不必再顾虑他了。"

第十一章　天道好还
——河内司马氏

曹爽听完李胜的这番话，大为高兴，他认为把持朝政的最后障碍已去，可以肆无忌惮了。

嘉平元年（249年）正月，思想麻痹的曹爽陪同小皇帝曹芳离京拜谒高平陵。司马懿抓住时机发动政变，夺取兵权。然后率兵切断曹爽的归路。并派人给魏帝送去罢免曹爽的奏章。他还指洛水为誓，保证曹爽等人仅予免官，决不加害。

随行谋士桓范力劝曹爽速保皇帝到许城自守，下诏调兵，镇压司马懿的反叛。曹爽贪生怕死，没有听从，于是缴刀投降。

那料曹爽等人回京不久，司马懿便以"背弃顾命，败乱国典，内则僭拟，外专威权"的罪名，将曹爽兄弟及其党羽（包括那个桓范，他的六代孙就是著名的桓温）全部处死，并夷灭三族。

桓范

桓范　字元则，三国时沛国要（今淮北市）人，有文才。建安（196~220）末入函相府，与王象等共撰《皇览》。延康元年（220）为羽林左监。明帝时曾任中领军、尚书、征虏将军、东中郎将、兖州刺吏等。正如（240~249）间任大司农，为曹爽谋划，号称"智囊"。司马懿起兵讨魏时，范劝爽挟魏帝到许昌，爽不听。曹爽被司马懿所杀，范亦被诛，著有《世要论》12卷，或称《桓范新书》。

公元251年，魏嘉平三年，司马懿病死于洛阳，时年七十二岁。纵观司马懿的一生，他善于审时度势，顺应形势，终于奠定了三家归晋的大局，使中国重新统一，这是他的历史功绩。

正如开头所说的，顺应形势，人是会变复杂的，变好或变坏，但不管变好或变坏，结果总是不一样的。后来他残酷嗜杀（在上庸和襄平两地），阴鸷心黑，晚年为了厚贻子孙，发动了政变，残酷地镇压了朝廷中一批最后带有"建安风骨"的士人，开创严酷而压抑的局面，后来谈玄务虚的所谓"魏晋风度"即与此有关。西晋虽然统一了中国，但却没有新兴王朝的朝气，迅速腐朽灭亡，司马懿可以说遗祸远矣。

◎ 司马昭：龙战于野

势凌三国

司马懿死后，接替他职位的是他儿子司马师。魏国大权落在司马师和司马昭兄弟两人手里。大臣中谁反对他们，司马师就把他除掉。曹氏家族的人已经被司马氏家族的人杀的杀，诛的诛，此时魏国已经是司马氏家族的天下。

魏少帝曹芳恨透司马师。有人曾经劝曹芳撤掉司马氏兄弟的兵权。但没有等曹芳动手，司马师已经逼着皇太后，把曹芳废了，另立魏文帝曹丕的一个孙子曹髦。事件经过是这样的，开始是少帝曹芳心不自安，他想除掉司马师，可是又不敢采取行动。司马师也怕为皇帝所图，因此借口"帝荒淫无度，亵近倡优"，准备废帝，于是派郭太后叔父郭芝进宫胁迫太后。太后刚正与少帝对坐，郭芝对帝说："大将军已废陛下，立彭城王据。"少帝起身就走去。太后不高兴，说："我想见见大将军，有话跟他说。"芝曰："见他有什么用！还不快去取玉玺"。司马师又派人向太后请玺缓授彭城王。太后说："彭城王，是我的长辈，他当皇帝，我往那里摆？高贵乡公曹髦在名分上才是最合适的人选"。于是司马师与群臣商议，终于迎高贵乡公曹髦为帝。髦是曹丕的孙子，时年仅十四。

魏国有些地方将领本来不服司马氏的专权，司马师废去曹芳后，就有扬州刺史文钦和镇东将军毌丘俭起兵声讨司马师。司马师亲自带兵征讨。毌丘俭、文钦在寿春起兵，声讨司马师。毌丘俭派遣使邀请镇南将军诸葛诞合作，诸葛诞杀了他的使者。毌丘俭等率兵五六万渡淮河，西至项（今河南项城县东北）。毌丘俭守项城，钦在外面为游击。当时司马师刚割眼瘤，伤势甚重，但因事关重大，仍带病东行，率军征讨毌丘俭、文钦。次月，司马师到河南时，毌丘俭的部将史招、李续相继投降。时荆州刺史王基为前军，向师建议速进，占据"有大邸阁，足供军人四十日粮的南顿（今河南项城西五十里）"。师没同意，王基又说："将在军，

第十一章 天道好还
——河内司马氏

君令有所不受。南顿必须拿下!"于是进据南顿。毌丘俭等亦感到南顿的重要,出项城来争,军行十余里,得知王基先到,只好回去。不久,吴丞相孙峻率骠骑将军吕据、左将军留赞来袭寿春。司马师令诸军深沟高垒,等待青、徐、兖诸军来集。诸将请进军攻项,司马师说:"诸君知其一,未知其二,淮南将士们本无叛心,俭、钦不过鼓惑他们起事,后来知道自己孤立,自知必败。困兽犹斗,速战反而是他们喜欢的,即使战胜,我们的伤亡也不会小。况且毌丘俭等欺诳将士的那些话,持久一会儿,就会不攻自破,此才是不战而胜之道。"毌丘俭、文钦进不得战,退恐寿春被袭,力屈计穷不知怎么办。由于诸将家人都在淮北,人心于是都离散了。毌丘俭军于是大溃。毌丘俭于逃走途中,在安风津(今安徽霍丘县北)被民张属杀死,传首京师。毌丘俭被夷三族。打败文钦和毌丘俭后,在回师许都路上,司马师也得病死了。

司马昭代司马师为大将军,后又加号大都督,奏事不名,司马昭权势之大,更超过其父兄。

继毌丘俭都督扬州的诸葛诞,是诸葛亮的族弟,原任吏部郎、御史中丞、尚书等职,在京师颇有名誉,因此也招致了一些元老大臣的反对,认为诞等"修浮华、合虚誉"。魏明帝对诸葛诞等亦甚厌恶,将诸葛诞等免官禁锢。明帝死,曹爽秉政,夏侯玄及诸葛诞等受到重用。诸葛诞与夏侯玄亲善,玄既被杀,王淩、毌丘俭等又相继夷灭,诸葛诞心不自安。甘露元年(256 年)冬,吴军来攻。司马昭估计诸葛诞所督兵马足可抵御。但诸葛诞仍求调十万军队帮助守卫寿春,还要在淮水旁边筑城以备吴,实际是想加强自己的实力。司马昭知诸葛诞有异心,于是调诸葛诞回朝任司空。诸葛诞得诏书,恐惧,遂举兵反叛。诞首先攻杀扬州刺史乐琳,坚守寿春。又派遣使者到吴国,称臣求救。吴国就派遣将军全怿、全端、唐咨等率兵三万,与先前那个文钦一起来救。

诸葛诞

三国时,诸葛亮和他的哥哥诸葛瑾,族弟诸葛诞都是当世英才,时人说:蜀得其龙(指诸葛亮),吴得其虎(指诸葛瑾),魏得其狗(指诸葛诞)。诸葛亮的儿孙后来抗魏战死,诸葛瑾的儿子诸葛恪家被满门抄斩,诸葛诞不愿叛魏,与司马氏对抗,结果兵败被杀,满门抄斩。

司马昭率军二十六万进屯丘头(今河南沈丘东南),以镇南将军王基行镇东将军,都督扬、豫诸军事,与安东将军陈骞等围寿春。王基刚到,尚未将城完全围住，文钦、全怿等军已从东北突入城中。不久，吴将朱异亦率三万人进屯安丰（今安徽霍丘西南），与进入城内的吴军相呼应。王基等四面合围。文钦等屡次出城攻围，均被击退。昭又使奋武将军石苞督兖州刺史州泰、徐州刺史胡质，挑选锐卒为游军，以防吴人再行增援。朱异与州泰战于阳渊（在今安徽寿县与霍丘之间），异走，泰迫之，杀伤吴兵二千人。

司马攸（236—290）字大猷，晋文帝司马昭次子，晋代书法家。擅行草，代表作有《我师帖》《擅消息帖》《谯王帖》《省启帖》等。

吴国又派大将军孙琳出兵屯子镬里（今安徽巢县西北），又遣朱异率丁奉等五将前来解救寿春之围，被石苞、州泰击破于黎浆（今安徽寿县南）。司马昭知寿春被围已久，敌军食粮必成问题，乃遣反间，扬言吴人将来救援，北军乏食，已分遣羸兵就谷淮北，势难久攻。诞等闻知，果放宽粮食限额，因之很快就缺粮，可是外援不至。于是城中人心涣散，惶惶不可终日。

诸葛诞与文钦二人本来就不和睦，开始不过是苟合，事情到了这种状况就开始互相猜疑，诸葛诞先下手杀了文钦。文钦的儿子文鸯、文虎翻越城墙投降司马昭。司马昭不杀他们，而派他率领数百骑巡行城外，大呼道："文钦之子都不杀，你们还怕什么！"城内军民听到这些，皆大欢喜。司马昭亲自攻城，四面齐发，同时鼓噪登城。诸葛诞匹马逃命，被杀。

司马氏消灭反对派的各种反抗，尤其平定诸葛诞之役，显示其军事实力和谋略，远远胜过对手。因而司马氏代魏与灭蜀、吴，已成为不可扭转之势。

成济之事

新立的魏帝曹髦心不自安。他把尚书王经等三个大臣召进宫里，气愤地说："司马昭之心，路人皆知，我不能坐着等着他来收拾我。今天，我要同你们一起去讨伐他。"大臣们知道要跟司马昭作对，就劝他忍耐，不要闹出大祸来。可是曹髦从怀里掏出一道预先写好的诏书，扔在地上，说："我已经下了决心，就是拼个死也不怕，再说还不一定死呢。"说着，他进内宫去禀报太后。哪里知道这三个大臣当中，倒有两个人偷偷去向

第十一章　天道好还
——河内司马氏

司马昭通风报信了。二十岁的曹髦，根本不懂得怎样治司马昭。他集合了宫内的禁卫军和侍从太监，吵吵嚷嚷地从宫里杀了出来。曹髦自己拿了一口宝剑，站在车上指挥。

司马昭的心腹贾充，带了一队兵士赶来，挡住了禁卫军的去路。双方打了起来。曹髦上前大喝一声，挥动剑杀过去。贾充的手下兵士一见皇帝自己动手，毕竟有点胆怯，有的准备逃了。

贾充手下有个叫成济的，跟贾充说："您看怎么办？"贾充厉声说："司马公平时养着你们是干什么的！还用问吗？"贾充这一说，成济才胆大了，拿起长矛就往曹髦身上直刺去。曹髦来不及招架，被成济刺穿了胸膛，跌下车来死了。消息传到司马昭那里。司马昭听说他手下人真的杀了皇帝，也有点着慌，连忙赶到朝堂上，召集大臣们商量。司马昭假惺惺装出悲伤的样子，跟一位老臣陈泰说："您说，叫我怎么办呢？"陈泰说："只有斩了贾充的头，才多少可以向天下交账。"司马昭很为难地说："还有没有其他办法，您再想想。"陈泰说："依我说，只有比这更重的办法，没有再轻的了。"司马昭一听不是滋味，就不吱声了。后来，司马昭用太后名义下了一道诏书，给曹髦加上许多罪状，把他废作平民，把曹髦被杀的事轻轻掩盖过去。但是，大伙儿还是议论纷纷，怪司马昭不办凶手的罪，司马昭没法拖下去，就把杀害皇帝的罪责一股脑儿推给成济，给成济定了一个大逆不道的罪，满门抄斩。司马昭除掉了曹髦，另外从曹操的后代中找了一个十五岁的曹奂接替皇位，这就是魏元帝。

飞龙入野，其血玄黄

《易》有一卦相叫：龙战于野，其血玄黄。坤卦第六爻龙为阳，此爻为阴，故龙战指阴阳交战。玄黄，分别指天、地之色。喻人事，则为上下交战，至于死伤流血的情形。三国后期，高贵乡公曹髦与司马昭交战的故事，正可与此爻爻义相通。曹髦终于下定决心要铲除司马昭，可还不用司马昭动手，曹髦就被司马昭的手下杀死。

天道好还

曹操以挟天子令诸侯起家，对献帝不是很尊重。而曹丕直接把献帝赶下台，自己作了皇帝。曹魏政权，拥有钩心斗角，争权夺利的环境，曹魏集团，是三国中唯一有条件培养奸雄逆臣的沃土。司马家族，从老爸司马懿，到儿子司马师、司马昭，都是极端聪明能干的人，身处其中，目睹耳染，学会了曹家逼主篡政的手段，在心理上也不会为篡权感到不安。因此，魏归司马，是必然的。

"山海争水，水必归海，非海求之，其势顺也。"呈现在司马昭、司马炎面前的天下大势，可谓"居高视下，势如劈竹"。他们所要做的，只是顺流而下，去完成历史所赋予的某种必然。

公元262年，魏将邓艾偷渡阴平、奇袭成都得手。次年，蜀后主刘禅降魏，至此，蜀汉政权历二帝，前后四十二年，终于宣告结束。

公元265年，司马昭之子司马炎逼魏主曹奂禅位，司马炎登基，改国号为晋；公元280年，司马炎进讨吴国，吴主孙皓降晋，吴国灭亡。从而结束了魏蜀吴三国之间长达七十二年的混战局面，这就是中国历史上的"三分归晋"。

历史上的司马姓名人

司马氏地望在河内郡，今河南武陟县西南。司马氏虽然没有列在百家大姓之内，但也是中国的一个著名复姓，其家族人才辈出。如西汉时著名的史学家司马谈、司马迁父子。尤其是司马迁，他因替投降匈奴的李陵辩解而入狱，受腐刑。但他忍辱负重，在狱中完成了我国最早的纪传体通史《史记》，这部书被誉为"史家之绝唱，无韵之离骚"；西汉辞赋家司马相如，因作《子虚赋》《上林赋》而特受汉武帝赏识，他与卓文君的浪漫爱情故事更是千古绝唱，流传至今。再后来，司马氏建立晋朝，经五胡之乱，南渡后为权臣刘裕所灭。再如北宋大臣、史学家司马光，他编撰了《通志》，后被神宗赐书名为我们熟知的《资治通鉴》。"司马光砸缸救人"的故事更是家喻户晓。司马名人，除上述数者外，还有春秋时期孔子弟子司马牛，秦末司马欣、司马卬，东汉末年"水镜先生"司马徽等。